중국어 통역 나도 해볼까!

문영란

중국어 녹음 左维刚

HUiNE

책을 내면서

흔히 바벨탑이 무너진 이래 통역이 시작되었다고 합니다. 그만큼 통역의 역사는 오래되었습니다. 하지만 우리나라에서 통역이 '통번역학'이란 학문으로 자리매김 한 것은 불과 50년도 안됩니다. 왜일까요? 전통적으로 우리나라에선 통역이 단순 기술로 치부되어 체계적인 학문 영역으로 성장하지 못했기 때문이지요. 그러나 20세기 국제화 시대로 진입하면서 통번역 시장 규모가 확대되었고, 필요한 통번역 담당자들을 양성하기 위한 체계적이고 전문적인 노력이 있었습니다. 통번역은 이제 학문적으로도 크게 성장하고 있습니다.

한국외국어대학교 통역대학원 창립이래 그간 출간된 국내 통번역 관련 서적을 크게 분류해보면, 1)통번역 전공자들의 연구 학습을 위한 전문 이론서 2)통대 입시문제집이나, 관광 가이드 자격 등 수험생을 위한 학습서 3)명연설 모음집 등으로 구분할 수 있습니다.

그러나 막상 전문 통역사가 되려는 것은 아니지만, 중국어 통역을 해보고 싶은 학습자들을 위한 체계적인 통역 교재는 없었습니다. 업무상 필요에 의해, 또는 중국어 통역현장을 간접 경험하고 싶은 독학자들을 위한 통역 훈련 학습교재가 아쉬운 상황이었습니다. 따라서 대학에서 중국어를 전공하는 학생들의 눈높이에 맞춘 적절한 수준의 실용적 목적과 학문적 깊이가 결합된 교재가 필요했습니다. 이 책은 이러한 요구를 만족시키기 위한 목적으로 편찬되었습니다.

이 책은 연구자를 위한 전공서도 아니고, 입시문제집도 아니며, 연설 모음집도 아닙니다. 이 책은 중국어 실력을 갖추었으면서도 중국어 통역을 처음 학습하고자 하는 이들을 위한 교재입니다. 학부생이나 일반 학습자를 대상으로, 통역대학원의 전문 통역사 양성 훈련방법을 활용한 통역훈련 교재입니다. 대학에서 통번역이 교과과정으로 개설된 지가 오래되었음에도 불구하고, 그간 통번역 담당 교수자들은 회의통역을 위한 전문 이론과 훈련에 치중한 탓에, 중국어 실력을 갖추었으면서도 중국어 통역을 처음 학습하고자 하는 이들을 위한 통번역 교재 출간에는 신경 쓸 겨를이 없었던 것도 사실입니다. 다소 늦은 감은 있지만, 사이버외국어대학교의 강의를 계기로, 한국외국어대학교 통역대학원에서 또 통번역 현장에서 체득한 오랜 경험을 바탕으로 <중국어 통역, 나도 해볼까!>를 집필하였습니다. 이 책은 다음과 같이 구성하였습니다.

1. 전체적인 구성은 통역 훈련방법에 따라 단계적으로 나누었습니다.

구성 순서	통역 훈련방법
1부 통역기초훈련	듣고 따라 하기 (순차) 들으면서 따라 하기, shadowing (동시)
2부 문장구역훈련	읽기&문장구역
3부 삼각 대화 훈련	문장구역&대화통역
4부 순차통역& 노트테이킹 훈련	노트테이킹 문장구역&노트테이킹 노트테이킹이 필요없는 짧은 순차통역 노트테이킹을 필요로 하는 긴 순차통역

각 단계에 따라 통역 훈련방법은 따라 하기, 읽기+문장구역, 문장구역+대화통역, 노트테이킹 등으로 달라집니다. 삼각대화 부분은 통역대학원에서 응용되는 방법은 아니고, 필자가 대화통역이 위주인 일반 통역현장을 고려하여 시도해본 부분입니다.

2. 각 과의 내용은 통역 현장의 느낌을 최대한 반영하여, 통역 현장에서 쓰일 수 있는 연설문이나 대화를 위주로 하였습니다, 정치 경제에서 연예 스포츠에 이르기 까지 다양한 주제를 선별하였습니다. 가급적 최신 문장을 소개하였고, 시간의 선후보다는 좋은 내용을 우선 순위로 하여 선별하였습니다. 유명 연설문이나 대화를 인용 편집하였을 경우 그 출처를 밝혔으며, 출처언급이 없는 경우는 필자가 작성한 문장들입니다.

3. 각 과의 구성은 총2개 텍스트를 활용하여 다음과 같습니다.

통역안내	해당 과의 실습방식과 주제를 언급	
통역준비	텍스트1 ( )넣기, 용어정리	텍스트2 ( )넣기, 용어정리
통역실습	텍스트1 단락별 실습과 설명	텍스트2 단락별 실습과 설명
응용실습	텍스트1 핵심단락 다시 말하기(重述)	텍스트2 핵심단락 다시 말하기(重述)
통역연습	총괄연습 및 연습문제	

이중 텍스트 ( )넣기는 실습반복이 많은 전반부(1-8과)에는 통역현장의 긴장감을 유지하고자 맨 앞에 배치하였고, 직접 통역으로 들어가는 후반부(10-13과)에는 텍스트 확인용으로 뒤에 배치하였는데, 학습자의 상황을 고려하여 순서를 조절하여 학습해도 좋습니다.

연습문제는 중→한, 한→중 통역 연습 외에, 음성을 듣고 알맞은 통역 선택하기→통역의 옳고 그름을 판단하는 TF(true, false)→학습하지 않은 내용을 통역하는 도전문제 등으로 통역훈련 방법에 따라 단계별로 그 유형을 달리하였습니다.

이 책의 본문을 높임말로 쓴 것은 존대어가 발달한 한국어의 개성을 자연스럽게 드러내고 싶었기 때문입니다. 한국어의 입말은 존대어가 발달한 개성을 지니고 있는 만큼, 통역 현장의 분위기를 그대로 살리기 위해서 일관되게 존대어를 사용했습니다.

중국이 21세기의 거대 강국으로 부상하고 있는 이때에 중국어 학습자들의 역할이 그 어느 때보다 중요한 시기임은 새삼 언급할 필요가 없을 것입니다. 모쪼록 이 책이 중한 한중 통역을 학습하고자 하는 분들께도 많은 사랑을 받았으면 좋겠습니다. 이 책에 인용한 연설문의 경우 여러 제약으로 인해 그 연설자들께 일일이 허락을 구하지 못한 점을 양해바랍니다. 좋은 글이 이 책을 통해서 더 많은 독자에게 소개된다는 마음으로 이해해 주시면 감사하겠습니다. 끝으로 이 책이 나오기 까지 애써준 김목화 홍인철 두 조교와 음성녹음을 위해 애써준 左维刚 同学에게도 깊은 감사를 표합니다. 아울러 이 책의 탈고와 더불어 들려온 조교의 대기업 취업소식과 左维刚 同学의 외국인 교수 채용 소식은 저를 더욱 즐겁게 합니다.

2012년 2월

문 영 란

목차

1부 통역 기초훈련

2부 문장구역 훈련

3부 삼각대화 훈련

이 책의 100% 활용법

이 책은 통역훈련 방식에 따라 크게 4단계로 구성되어 있습니다.
가장 기본적인 듣고 따라 하기와 셰도윙 훈련(1부: 1-2과)→ 읽기와 문장구역 (2부: 3-5과) → 문장구역과 삼각대화(3부: 6-8과) → 노트테이킹(짧은 순차와 긴 순차, 4부: 9-13과)

각 단계에 따라 점진적으로 훈련방법을 달리하는 만큼 전체적인 순서는 교재 순서대로 훈련하기를 권합니다. 다만, 각 과의 세부 내용은 학습자의 상황에 따라서 순서를 달리 할 수도 있습니다. 그럼 어떻게 활용하는 것이 효과적일지 꼭 한번 살펴보세요.

통역안내

해당 주의 통역훈련 방식과 텍스트 주제를 간략하게 소개합니다. 어떤 방식으로 통역 훈련을 하는지 또 관련 이론은 어떤 것이 있는지 확인합니다.

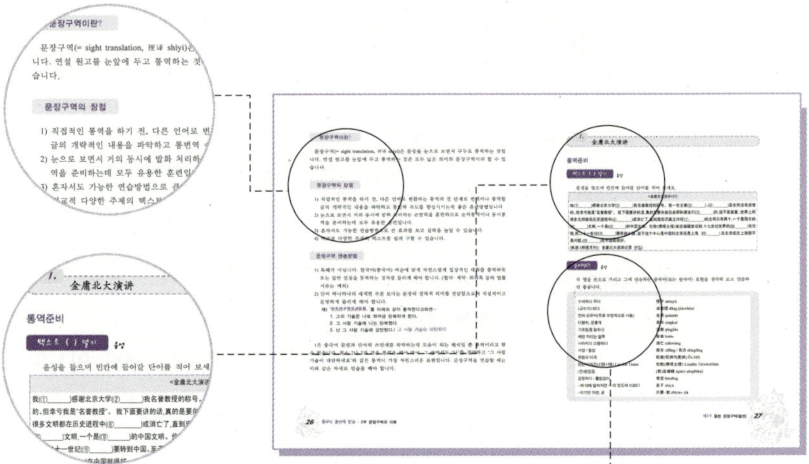

통역준비

텍스트 ( )넣기

1) 통역 연습 전 내용을 미리 많이 연습하고 싶은 경우: 텍스트 ( )넣기를 먼저 합니다.
2) 내용을 미리 연습하지 않고, 현장에서와 같이 실습하고 싶은 경우엔 텍스트 ( )넣기와 문장구역을 생략하고 직접 통역실습 부분부터 학습 후, 텍스트 ( ) 넣기로 내용을 확인해도 좋습니다. 본 교재에서도 제10과 이후엔 통역실습이 끝난 뒤 텍스트 ( )넣기를 하여 내용을 확인하게 배치하였습니다.

용어정리

단순히 암기하기 전에, 때로는 한국어만 보고 → 중국어로 얘기해 보고, 때로는 중국어만 보고 들으면서 →한국어로 용어 뜻을 연습해보고, 때로는 둘 다 숨기고, 음성만 들으며 연습하면 좋습니다. 텍스트 ( )넣기가 힘든 학습자는 용어정리를 먼저 학습한 후에 ( )넣기를 해도 좋습니다.

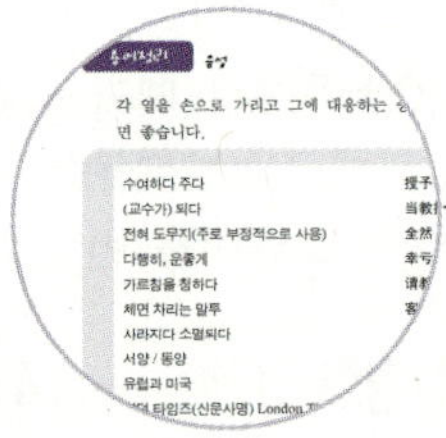

통역실습

단락별 실습

가장 중요한 핵심부분입니다. 통역실습의 안내문은 각 단계별 훈련방식에 따라 내용이 다르므로 꼭 확인한 후에 안내문의 순서에 따라 한 항목도 빠짐없이 실습합니다. 혼자서 직접 실습을 다 해보고, 잘 안될 경우 반복해서 실습하는 것 잊지 마세요.

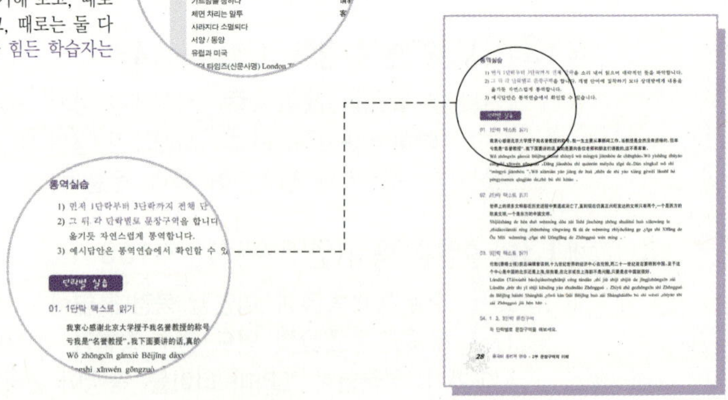

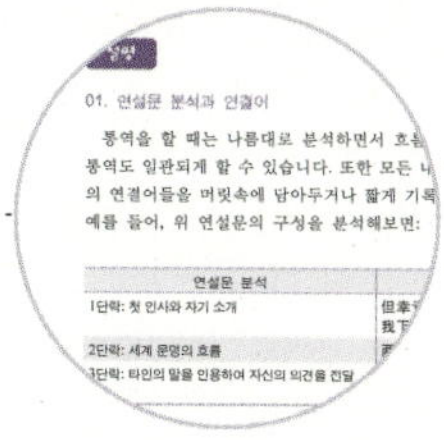

통역실습

설명

각 과에서 알아야 할 핵심 내용과 통역 번역 관련 주의사항을 설명했습니다. 경험에서 비롯된 주의사항 등을 언급했으므로 학습자들이 쉽게 이해할 수 있습니다.

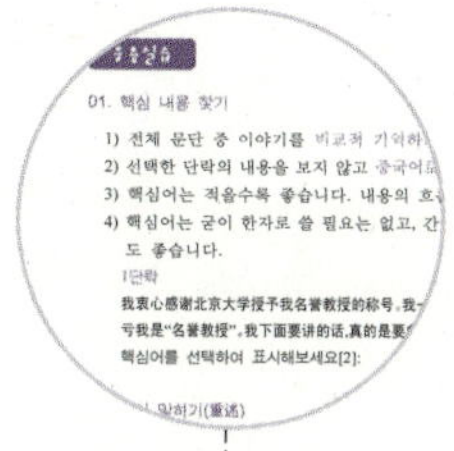

응용실습

텍스트의 핵심내용을 찾아서 다시 말해보는 '重述' 또한 통역 훈련의 밑거름이 되는 중요한 부분입니다. 역시 빠짐없이 직접 꼭 실습해야 합니다. 제9과 노트테이킹 이후엔 '重述'을 다루지 않았으나, 이는 혼자서도 충분히 연습할 수 있을뿐더러 내용의 편폭상 다루지 않았을 뿐이니, 교재에서 다루지 않은 기타 단락까지 욕심내어 연습하길 권합니다.

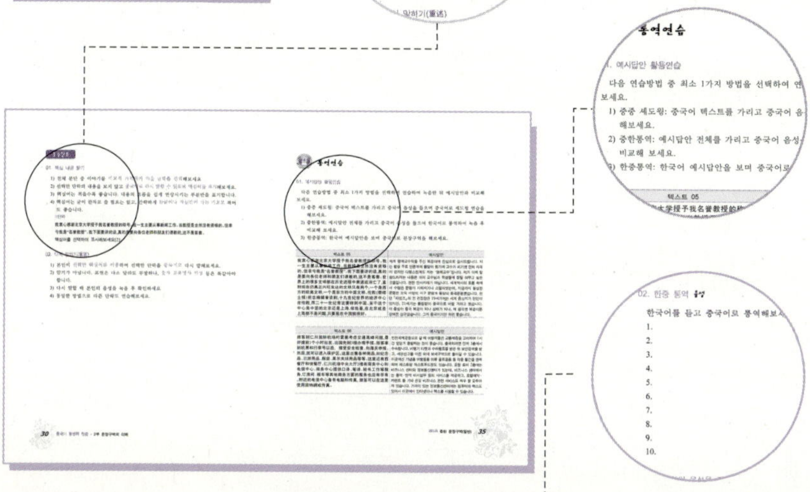

통역연습

예시답안 활용연습

각 과의 실습을 끝내고 학습내용을 종합적으로 확인하는 부분입니다. 단순히 답안이라 여기지 마시고, 예시 답안의 어느 한 부분은 손으로 가린 상태에서

1) 원어민의 중국어 음성만 들으며 통역도 해보시고 (중→한)
2) 한국어만 보며 중국어로 통역도 해보시고 (한→중)
3) 한중 언어 다 숨긴 상태에서 원어민의 음성만 듣고 따라 하기도 할 수 있고, 동시에 따라 하는 '쉐도윙' 연습용으로도 좋습니다.

한중통역

역시 위와 같은 방법으로 활용하시되, 한→중은 우리말의 확장식 표현 훈련에 좋습니다.

기타 음성을 활용한 연습문제

각 단계에 따라 연습문제 유형을 조금씩 달리하였습니다. 특히 제10과 이하의 음성문제중 '통역-도전' 코너는 텍스트 주제와는 연관이 있으나 학습하지 않은 내용을 듣고 통역하는 만큼 현장감을 느낄 수 있습니다.

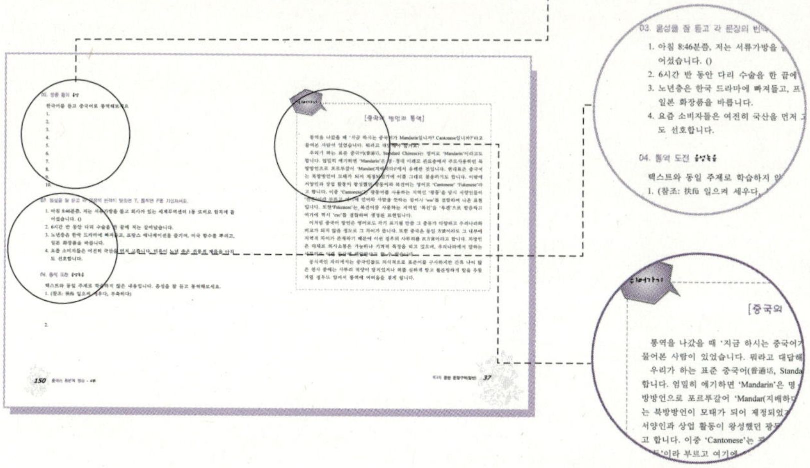

쉬어가기

통역현장에서 있었던 경험담이나 그와 관련된 이야기들을 세심하게 선별하여 작성했습니다. 경직되기 쉬운 교재에서 그나마 학습자 여러분과 소통하는 느낌이 든 부분입니다. 경우에 따라 필요한 경우에는 인터넷 검색어도 세부적으로 기록했습니다.

1부 통역기초훈련

제1과

통번역입문

학습목표 ◎ 통번역 입문

▶ 1-1 통번역 기본 개념 익히기

▶ 1-2 통역의 종류와 통번역을 위한 초기 중국어 학습법

1-1. 통번역 기본개념

독해와 통번역의 차이

독해는 각 단어의 쓰임과 문법적 역할 등을 파악하기 위해 1:1 대응식의 해석을 하는 것이 학습에 도움이 되는 반면, 통역이나 번역은 듣는 이나 읽는 이를 고려하여 가장 자연스럽게 해당 언어로 전달하는 것입니다. 기본적 차이를 정리하면 다음과 같습니다.;

	일반 독해	통·번역
대상	나만 이해하면 된다.	내가 아니고, 내 말을 듣는 다른 이나 책을 읽는 이들이 이해할 수 있도록 해야 한다.
연습 및 적용	각 단어의 뜻을 세부적으로 따져가며 문장에서 그 역할은 무엇인지 파악하고 해석한다.	- 문법적 사고 방식에서 벗어나, 자연스런 구어로 구사한다. - 통번역의 난이도가 높아질수록 사고의 기반이 되는 모국어의 능력이 중요해진다.
예	**谢谢您的帮忙。** - 당신의 도움에 감사 드립니다. 해석이 주로 단어 순서에 따른 나열이 많다.	**谢谢您的帮忙** - 도와주셔서 감사합니다. - 고맙습니다. 도와 주셔서… 단어의 나열을 전달하는 것이 아니라 연사(원문)가 말하고자 하는 메시지를 전달

통역 vs. 번역

중국어에서는 통역과 번역을 함께 총괄하여 翻译라고 하며, 그 중 통역은 口译, 번역은 笔译라고 합니다. 통역은 번역에 비해 순발력이 있어야 하며 짧은 시간에 고도의 집중력을 요하는 작업입니다. 또한, 통역은 건수마다 그때그때 끝나는 작업이지만 번역은 종이위에 글씨로 남아 영원히 평가되기에 통역보다 결코 쉬운 작업이 아닙니다. 기본적 차이를 정리하면 다음과 같습니다.:

	통·번역(翻译 fānyì)	
구분 (중국어)	통역(口译 kǒuyì)	번역(笔译 bǐyì)
대상 (표현수단)	청자(말) - 글보다 단순하고 불완전한 부분이 많다. - 연사는 시선 몸짓 등 비언어적 요소들을 이용해 의사를 전달하기도 하므로 통역자는 연사의 몸짓 표정을 확인하는 것이 좋다.	독자(글) - 통역에 비해 원 작가나 독자의 반응을 즉각적으로 파악하기 힘들다
시간적 제약	순간적, 즉각적	시간적 여유가 있다
수정여부	수정이 어렵다	수정 가능하다
공간적 제약	있음. 주로 동일 공간 (단 방송중계·화상통역 등은 제외)	없음.
성향	순발력, 응용력, 외향적, 담대함	인내심, 세심함. 표현력
공통자질	·2개 언어(모국어 외국어)를 잘 구사하는 어학능력 ·해당 언어를 사용하는 집단의 문화 관습 전문지식 배경지식 등을 끊임없이 습득하는 노력	

1-2. 통역의 종류와 통역중국어 학습법

통역의 종류

통역 방식에 따른 통역의 종류

01. 순차통역(逐步口译, zhúbù kǒuyì, 또는 连续口译 liánxù kǒuyì 交替口译 jiāotì kǒuyì)

- 연사의 발언 내용을 들은 후에 통역을 시작하는 것을 순차통역이라고 합니다.
- 대화 내용을 짧게 들은 뒤 통역하는 짧은 순차통역이 가장 일반적인 형태입니다.
- 회의 등에서 연사가 길게 얘기한 후 (약3분-4분) 통역사 나름대로 기록한 내용과 기억을 바탕으로 통역하는 경우는 전문 순차통역이라고 합니다.
- 주로 단독으로 통역을 수행하는 경우가 많습니다.

02. 동시통역(同步口译, tóngbù kǒuyì 또는 同声口译 tóngshēng kǒuyì)

- 연사의 발언 내용을 들으면서 동시에 통역을 하는 것을 동시통역이라고 합니다. 즉 연사의 발언과 통역사의 통역이 동시에 진행됩니다.
- 통역장비(예: 통역부스)가 갖추어진 상황에서만 할 수 있습니다.
- 통역사가 연사의 말을 헤드셋을 통해 들으면서 마이크를 이용해 동시에 통역을 합니다.
- 한편 들으면서 한편 통역하는 작업인 까닭에 고도의 집중력을 요구하므로 교대로 통역을 수행합니다. 통상 2인1조로 통역 부스에서 함께 작업합니다.

[동시통역에 필요한 장비 및 설비]

한국외국어대학교 통역대학원 동시통역 실습실

동시통역 부스 내부 모습

동시 통역에 쓰이는 장비

8개 언어로 relay 통역이 가능한 국제회의장

(한국외국어대학교 통역대학원 애경홀 내부)

이동식 통역부스

03. 문장구역(= 시역(视译) shìyì)

- 낭독을 위해 준비된 원고를 받아 '눈으로 보면서 통역'하는 경우입니다.
- '귀로 듣고난 뒤 순차통역'하거나 '귀로 들으면서 하는 동시통역'에 습관이 된 통역사는 오히려 원고 때문에 방해를 받는 어려움을 경험하게 됩니다. 원고의 단어와 문장에 집착하게 되어 통역의 본질인 '자연스러운 의미전달' 기능이 약화되기 때문이지요.
- 문장구역은 통역 훈련 과정에 많이 응용되는 방법으로 훈련자의 순발력을 강화시켜줍니다. 순차통역연습이 동시통역의 이상적인 준비라면, 문장구역은 두 가지 통역을 준비하는데 모두 유용합니다.

04. 위스퍼링(속삭임, whispering= 耳语口译 ěryǔ kǒuyì)

통역 의뢰자의 옆에서 겨우 들릴 수 있는 크기로 속삭이듯 나지막하게 통역하는 방식입니다. 법정통역 등에서 활용됩니다.

통역 상황에 따른 통역의 종류

01. 대화통역 (=community 통역, 또는 공공 서비스 통역)

- 지역사회의 각종 행정기관에서 이루어지는 통역으로, 학교나 병원 사회복지기관 경찰서 법정 등에서 이루어지는 통역을 말합니다.
- 보통 짧은 순차통역 방식으로 이루어집니다.

02. 회의통역

- 국제회의의 경우엔 동시통역의 통역방법을 주로 사용하여 진행되며, 분과토의는 주로 순차통역으로 진행됩니다.
- 회의 통역은 전문 훈련을 받은 통역사가 통역을 담당합니다.

03. 수행통역

- 특정인을 밀착 수행하면서 통역하는 경우입니다.
- 순차통역 방식이나 위스퍼링(속삭임) 통역방식으로 수행통역을 진행합니다.

04. 기자 회견 통역

대부분 전문 훈련을 받은 통역사가 동시통역 또는 전문 순차통역의 방식으로 기자회견의 통역을 진행합니다.

05. 방송통역

- 뉴스 보도 등을 신속하고 정확하게 또한 제한된 시간 안에 짧은 말로 많은 양을 빠르게 통역하는 것입니다.
- 뉴스 등의 실시간 보도는 동시통역 방식으로 이루어지며, 해외 유명스타 인터뷰와 같이 순차통역 방식으로 이루어지는 경우도 있습니다.
- 시청자는 통역사를 아나운서 수준으로 평가하므로 통역사는 종종 형식적으로나 내용적으로 완벽한 통역을 해야 한다는 압박감에 시달립니다.

통번역을 위한 초기 중국어 학습법

01. 한중 언어간 동일한 한자어 발음에 각별히 주의합니다..

-예1) 运动会将于十月五号举行。
Yùndònghuì jiāng yú shí yuè wǔ hào jǔxíng。
(운동회는 10월 5일에 합니다.)

-예2) 亚洲运动会将于十月五号举行。
Yàzhōu yùndònghuì jiāng yú shí yuè wǔ hào jǔxíng。
(아세안게임은 10월 5일에 합니다.)

-예3) 计算机的发明，使近代科学有了飞跃的发展。
Jìsuànjī de fāmíng, shǐjìndài kēxué yǒule fēiyuè de fāzhǎn。
(컴퓨터 발명으로 근대과학은 대단히 발전했다)

운동회, 10월5일, 거행은 한중 언어간에 동일하게 쓰이는 한자어인 탓에 중국어를 한국어로 통번역 할 때는 거의 주의하지 않게 됩니다. 그러나, 한국어를 중국어로 통번역할 경우에는 위와 같은 동일한 한자어가 오히려 걸림돌이 되는 경우가 많습니다. 위의 예문 중 '운동회를 거행한다'는 일반 구두어에선 '운동회를 한다'와 같이 말하는 경우가 많아서'~한다 '에 해당하는 동사를 뭘 써야 할지 당황스러워 하는 경우들이 종종 있습니다.

또한 동일한 단어일지라도 상황에 따라서 달리 표현되는 경우도 많습니다. 예문1)의'운동회'는 예문2)처럼'게임' '시합'등으로 표현될 수도 있는 만큼, 동일한 한자어를 무심코 지나쳐서는 안되겠습니다.

예문3)을 번체자로 써 놓으면, 중국어를 배우지 않았어도 한자를 아는 이들은 해석을 할 수 있습니다. 다만, 이 문장을 말로 할 경우엔 알아듣지 못합니다. 또한 구두어에선 '컴퓨터의 발명은 근대과학으로 하여금 비약적인 발전을 하게 했다'와 같은 부자연스러운 표현을 쓰지 않기에 가장 자연스러운 구두어로 표현하여 대조해보며 그 쓰임새를 파악 하는 것 또한 중요합니다.

02. 중국어 동사의 쓰임에 주의합니다.

예1) 오늘 저녁 회의 있습니다. ⇒ 今天晚上开会。Jīntiān wǎnshàng kāihuì
예2) 내일 선배 결혼식 있어. ⇒ 明天我的学长举行婚礼。/ 明天我的学长结婚。
Míngtiān wǒ de xuézhǎng jǔxíng hūnlǐ。/ Míngtiān wǒ de xuézhǎng jiéhūn

중국어는 '주어+동사+목적어'의 구조로 이루어진 동사 술어문이 발달한 언어입니다. 따라서 한중 통역을 잘 하려면 중국어 동사 활용을 잘 하는 것이 중요합니다. 위의 예문에서 보듯 한국어에선 '~한다' '~있다'로 동일하게 표현된 것이 중국어로는 경우에 따라서 '开会' '举行' '结婚'등 각기 다른 동사로 통번역을 할 수 있는 만큼, 중국어 동사에 유의하여 단순히 동일한 한자어로 해석하기보다는 순수 구어체를 활용하여 통번역을 해보며 이를 한중 통역으로 바꾸어 연습하는 것 또한 중요합니다.

통역연습

01. 음성을 들으며 발음을 연습한 후 각 항에 알맞은 단어 뜻을 보기에서 선택하세요.

01.mp3

〈보기〉

① 컴퓨터	② 거행하다	③ 동시통역	④ 과학	⑤ 결혼하다	⑥ 아세안게임
⑦ 순차통역	⑧ 근대	⑨ 비약	⑩ 문장구역	⑪ 발전	⑫ 발명하다

1. zhúbù kǒuyì	(　　　)
2. tóngbù kǒuyì	(　　　)
3. shìyì	(　　　)
4. jǔxíng	(　　　)
5. Yàzhōu yùndònghuì	(　　　)
6. jiéhūn	(　　　)
7. jìsuànjī	(　　　)
8. fāmíng	(　　　)
9. jìndài	(　　　)
10. kēxué	(　　　)
11. fēiyuè	(　　　)
12. fāzhǎn	(　　　)

02. 중↔한 통역연습

중국어 음성을 듣고 한국어로 통역 해보세요. 또한 답안의 한국어를 보면서 중국어로도 통역해 보세요.

1.

2.

3.

4.

5.

03. 의견 나누기

다음 통역 상황을 가정해 볼까요?

"자신이 다니는 회사의 사장님과 중국에서 방문한 중국 측 사장님을 모시고 '민속촌' 관광통역을 하게 된다"고 가정할 때, 통역을 위해 준비해야 할 사항은 어떠한 것들이 있을까요? 준비사항을 3가지 이상 기재해보세요.

쉬어가기

[순차통역과 동시통역]

'통역의 꽃'으로 불리우는 동시통역이 멋있어 보여서 통역사를 지망하는 학생들도 있습니다. 호텔 등 화려한 장소에서 열리는 국제회의에서, 또 말로만 듣던 연설자를 직접 만나고 통역하게 되면 이는 정말 멋진 일이 아닐 수 없습니다. 그러나, 저는 경험상 순차통역이 훨씬 재미있었습니다. 순차통역은 연설자나 대담자 곁에서, 때로는 수행하면서 때로는 통역 후 사담도 나누며 인간적인 교감이 오고 가고, 간혹 불확실한 부분은 확인도 할 수 있기 때문입니다. 그러나, 차가운 기계 앞에서 오직 통역파트너만 상대하는 동시통역은 경우가 다릅니다. 짧게는 하루, 길게는 며칠간의 동시통역이 끝나고 나서야 그간 주스로만 연명했다는 사실을 깨달을 때가 많았습니다. 동시통역을 끝낸 날엔 집에서 TV 소리도 듣기 싫었지요. 백문이 불여일견(百闻不如一见)이라고 순차통역과 동시통역이 이루어지는 실제 통역 현장을 동영상으로 살펴보시기 바랍니다.

01. 순차통역자료화면

· 연설자:맥케이엔블롭사의 회장인 하비·메케이(Harvey Mackay) CEO. 그의 저서 『상어에게 절대로 먹히지 않는 법』(Swim With The Sharks Without Being Eaten Alive)은 한국에서도 출판된 바 있습니다.

· 통역사: 명연설가이자 성공학 관련 저서로도 유명한 대만(台湾)의 陈安之

· 동영상 전체보기: http://www.56.com/u11/v_MTM3MTEwMjk.html

(검색어: 百度视频 > 哈维麦凯台湾攻心为上讲座1)

02. 동시통역 자료화면 보기

후진타오 중국 국가 주석 한국 방문시 17대 국회 연설 (2005년 11월17일),

· 동영상 전체보기: 국회방송 동영상보기 http://www.natv.go.kr/brd/index.htm)

(검색어: 百度视频 > 胡锦涛韩国国会演讲)

이외에도 百度视频(http://video.baidu.com)에서 검색어로 同步口译 또는 交替口译(交替传译)를 치면 동시통역과 순차통역의 영상자료를 직접 확인할 수 있습니다.

제2과

통역 기초 훈련

학습목표 ◎ 통역 기초훈련 방법소개

▶ 2-1 听后复述: 导游欢迎词 '가이드 인사말' 듣고 따라 하기

▶ 2-2 影子练习: 记者招待会 '기자회견' 들으면서 따라 하기 (셰도윙 shadowing)

◎ 텍스트 핵심내용 찾기

◎ 핵심내용을 이용하여 중국어로 다시 말하기

통역 기초훈련 방법

1. 듣고 따라 하기(听后复述)

1) 외국어를 배우면서 누구나 자주 사용했던 방법으로, 쉼표나 마침표를 중심으로 문장을 짧게 끊어서 원어민의 음성을 듣고 난 뒤 그대로 모방하여 따라 하는 방법입니다.
2) 문맥의 전반적인 흐름을 파악하기 보다는, 정확한 발음과 속도를 모방하는 연습에 효과적이며, 혼자서 연습하기에 적합한 훈련방법입니다.
3) 순차통역과 같은 원리의 훈련방법입니다.

2. 들으면서 따라 하기(셰도윙, 影子练习)

1) 문장이 끝난 뒤 따라 하는 '듣고 따라 하기'와는 달리, '들으면서 따라 하기'는 문장을 끊지 않고 계속 들으며 동시에 따라 하는 작업을 같이 병행하는 방법입니다.
2) 원어민의 음성을 바짝 뒤좇아 그림자처럼 그대로 모방하여 말을 하는 연습으로, shadowing 이라고도 하며, 중국어로는 影子练习 yǐngziliànxí, 또는 同步跟述 tóngbù gēnshù 라고 합니다.
3) 동시통역과 같은 원리의 훈련방법입니다. 따라 하기 시점은 원어민의 음성 한두 마디 뒤에 시작해도 좋고, 한 문장이 거의 끝나갈 무렵 시작해도 무방합니다. 원문과 어느 만큼의 간격을 두고 따라 할 것인지 자신에게 맞는 시점을 결정하세요.

2-1. 听后复述: 导游欢迎词 '가이드 인사말' 듣고 따라 하기

통역준비

텍스트 ( ) 넣기 02-01.mp3

음성을 들으며 빈칸에 들어갈 단어를 적어 보세요.

<听后复述>[1]
大家好, (①_______)很累吧。我是(②_______)的导游李民浩. 首先(③_______)欢迎各位到韩国来观光。从现在(④______)一直到各位回国之前, 我来负责为各位服务。如果有什么问题需要我帮忙, 或者有什么不舒服的地方, 请(⑤______)找我。现在下午3点20分, 韩国时间比中国快一个小时, 请各位把(⑥______)。从机场到饭店大概需要50分钟。我想利用(⑦______)的这段时间, 向大家介绍一下沿途上的(⑧______)景点。外面(⑨______)林立的地方, 就是"汝矣岛"。(⑩______)、电视台都在这里。 饭店快到了, 请大家(⑪______)。

용어정리 02-02.mp3

각 열을 손으로 가리고 그에 대응하는 중국어(또는 한국어) 표현을 생각해 보고 연습하면 좋습니다.

장거리 여행	长途旅行 chángtúlǚxíng
(관광) 가이드/ ~을 안내하다	导游 dǎoyóu
이민호(人名)	李民浩 Lǐ mín hào
책임지다	负责 fùzé
~을 위해서	为 wèi
불편하다	不舒服 bùshūfu
손목시계	手表 shǒubiǎo
잘 맞추다	对好 duìhǎo
길, 길을 따라서	沿途 yántú
관광명소	景点 jǐngdiǎn
고층 빌딩이 빽빽하게 서있다	高楼大厦林立 gāolóu dàshà línlì
여의도(지명)	汝矣岛 Rǔyǐdǎo
TV방송국	电视台 diànshìtái
호텔	饭店 fàndiàn

통역실습

1) 듣고 따라 하기의 목적은 발음과 성조를 정확히 모방하여 듣기 집중력을 향상하는데 있습니다.
2) 처음에는 문장을 되도록 짧게 끊어 천천히 따라 하고, 점차 분량을 늘리고 속도를 빠르게 하여 따라 합니다.
3) 실습 할 때에는 교재를 보지 않고 듣기에만 집중하여 중국어 그대로 정확하게 따라 합니다.

단락별 실습

원어민의 음성을 듣고 속도 발음을 그대를 모방하여 따라 하세요

01. 1단락 듣고 따라 하기 02-03.mp3

大家好，长途旅行很累吧。我是国际旅行社的导游李民浩.首先热烈欢迎各位到韩国来观光。从现在开始一直到各位回国之前，我来负责为各位服务。如果有什么问题需要我帮忙，或者有什么不舒服的地方，请随时找我。

Dàjiā hǎo, chángtú lǚxíng hěn lèi ba。Wǒ shì guójì lǚxíngshè de dǎoyóu Lǐ mín hào. Shǒuxiān rèliè huānyíng gèwèi dào Hánguó lái guānguāng。Cóng xiànzài kāishǐ yìzhí dào gèwèi huíguó zhī qián, wǒ lái fùzé wèi gèwèi fúwù。Rúguǒ yǒu shénme wèntí xūyào wǒ bāngmáng, huòzhě yǒu shénme bù shūfu de dìfang, qǐng suíshí zhǎo wǒ。

02. 2단락 듣고 따라 하기 02-04.mp3

现在下午3点20分，韩国时间比中国快一个小时，请各位把手表对好。从机场到饭店大概需要50分钟。我想利用车上的这段时间，向大家介绍一下沿途上的主要景点。外面高楼大厦林立的地方，就是“汝矣岛”。国会大楼、电视台都在这里。饭店快到了，请大家准备下车。

Xiànzài xiàwǔ 3 diǎn 20 fēn, Hánguó shíjiān bǐ Zhōngguó kuài yī gè xiǎoshí, qǐng gèwèi bǎ shǒubiǎo duìhǎo。Cóng jīchǎng dào fàndiàn dàgài xūyào 50 fēn zhōng。Wǒ xiǎng lìyòng chē shàng de zhè duàn shíjiān, xiàng dàjiā jièshào yīxià yántú shàng de zhǔyào jǐngdiǎn。Wàimiàn gāolóu dàshà línlì de dìfang, jiùshì "Rǔyǐdǎo"。Guóhuì dàlóu、diànshìtái dōu zài zhèlǐ。Fàndiàn kuài dào le, qǐng dà jiā zhǔn bèi xià chē。

설명

01. 통역에 있어서 가장 기본적인 상투어들은 확실하게 암기하고 연습하는 것이 좋습니다.

환영 인사말, 헤어질때 쓰이는 관용어들, 회의 진행 용어 등은 늘상 자주 쓰이는 표현들입니다. 그 중 한국에 온 손님들을 맞이하는 가이드의 환영인사는 가장 기본적인 것이므로 철저하게 익혀야 합니다.

02. 제3성 변화처리

제3성은 제1성, 제2성, 제4성 및 경성 앞에서 후반부의 상승되는 부분이 생략된 '반3성'으로 발음합니다.

예) 导游 dǎoyóu 首先 shǒuxiān

03.경성처리

경성은 기본 성조인 4성의 범주에는 들어가지 않으나, 의미를 구별하는 요소가 되는 등 중국인의 언어습관상 중요한 역할을 하기 때문에 정확하게 처리하는 것이 좋습니다.

예) 不舒服 bùshūfu 地方 dìfang / dìfāng

服는 본래2성으로 '服务 fúwù 서비스하다'처럼 일반적인 경우엔 제2성으로 처리하나 不舒服의 服는 경성으로 발음하므로 주의합니다. 地方은 方을 경성으로 발음할 때는 '부분, 장소'를 의미하나, 제1성으로 발음하면 중앙과 대비하여 지방을 의미합니다.

응용실습

01. 핵심 내용 찾기

1) 전체 문단 중 이야기를 비교적 기억하기 쉬운 단락을 선택해보세요

2) 선택한 단락의 내용을 보지 않고 중국어로 다시 말할 수 있도록 핵심어를 표시해보세요.

3) 핵심어는 적을수록 좋습니다. 내용의 흐름을 쉽게 연상시키는 부분만을 표기합니다.

4) 핵심어는 굳이 한자로 쓸 필요는 없고, 간략하게 한글이나 자신만이 아는 기호로 적어도 좋습니다.

2단락

现在下午3点20分，韩国时间比中国快一个小时，请各位把手表对好。从机场到饭店大概需要50分钟。我想利用车上的这段时间，向大家介绍一下沿途上的主要景点。外面高楼大厦林立的地方，就是"汝矣岛"。国会大楼、电视台都在这里。饭店快到了，请大家准备下车。

핵심어를 선택하여 표시해보세요[2]:

02. 다시 말하기(重述)

1) 본인이 선택한 핵심어를 이용하여 선택한 단락을 중국어로 다시 말해보세요.

2) 암기가 아닙니다. 표현은 다소 달라도 무방하나, 숫자 고유명사 인명 등은 똑같아야 합니다.

3) 다시 말할 때 본인의 음성을 녹음 후 확인하세요.

4) 동일한 방법으로 다른 단락도 연습해보세요.

2-2. 影子练习: 记者招待会 '기자회견' 들으면서 따라 하기

통역준비

텍스트 ( ) 넣기 02-05.mp3

음성을 들으며 빈칸에 들어갈 단어를 적어 보세요.

<影子练习>[3]
前天我看到(①______)有一份报纸，送给我一个荣誉称号叫"赤字总理"。我(②______)荣誉称号或者(③______)，因此，对这个问题我需要(④______)。我查了手头的资料，2000年，19个国家都有(⑤______)，包括一些发达的大国。因此，(⑥______)你的财政有没有赤字，而是你这个赤字是(⑦______)什么地方，是你赤在什么地方。我留给(⑧______)的不只是债务，而是25000亿的(⑨______)的资产，在将来中国的经济发展中将长期发挥巨大的(⑩______)和社会效益。所以对不起，我不能接受"(⑪______)"这个荣誉称号，(⑫______)回去。我不但(⑬______)亚洲金融危机带给我们的影响，而且利用这个机遇(⑭______)发展了中国的国民经济，我为此感到(⑮______)。谢谢。 (来源：朱镕基总理会见中外记者-九届全国人大五次会议 편집)

용어정리 02-06.mp3

각 열을 손으로 가리고 그에 대응하는 중국어(또는 한국어) 표현을 생각해 보고 연습하면 좋습니다.

홍콩	香港 Xiānggǎng
명예 호칭	荣誉称号 róngyù chēnghào
"적자 총리"	"赤字总理" chìzì zǒnglǐ
이제껏 받은 적이 없다	从来不接受 ~cónglái bù jiēshòu
자료를 찾다	查资料 chá zīliào
수중(手中)의	手头 shǒutóu
포함하다	包括 bāo kuò
~에게 남겨주다	留给 liúgěi
차기 정부	下届政府 xiàjiè zhèngfǔ
단지 ~뿐 만은 아니다	不只是 ~bù zhǐshì
채무, 부채	债务 zhàiwù
2조5천억	25000亿 liǎng wàn wǔ qiān yì
양질의 자산	优质的资产 yōuzhì de zīchǎn
경제적 효율을 발휘하다	发挥经济效益 fāhuī jīngjì xiàoyì
(윗사람에게)바치다	奉送 fèngsòng
아시아 금융위기	亚洲金融危机 Yàzhōu jīnróng wēijī
기회를 이용하다	利用机遇 lìyòng jīyù
유례없이 발전하다	空前地发展 kōngqián de fāzhǎn
이 때문에, 그런 까닭에	为此 wèicǐ
자부심을 느끼다	感到自豪 gǎndào zìháo

통역실습

1) 먼저 혼자서 읽기 연습을 꼭 미리 한 후에 들으면서 셰도윙 연습을 합니다..
2) 헤드폰을 끼고 연습해야 자신의 목소리에 방해 받지 않고 듣기에 집중해서 따라 할 수 있습니다. 헤드폰으로 들려오는 원어민의음성과 자신이 따라 하는 목소리의 비율은 7:3 정도로 합니다.
3) 점차 분량을 늘리고 속도를 빠르게 하여 따라 합니다.
4) 교재를 보지 않고 듣기에 집중해서 셰도윙을 하는 것이 좋습니다.

단락별 실습

01. 1단락 들으면서 따라 하기 02-07.mp3

前天我看到香港有一份报纸，送给我一个荣誉称号叫"赤字总理"。我从来不接受荣誉称号或者荣誉学位，因此，对这个问题我需要解释几句。我查了手头的资料，2000年，19个国家都有赤字，包括一些发达的大国。因此，问题不在于你的财政有没有赤字，而是你这个赤字是用在什么地方，你赤在什么地方。

Qiántiān wǒ kàndào Xiānggǎng yǒu yīfèn bàozhǐ, sònggěi wǒ yīge róngyù chēnghào jiào "chìzì zǒnglǐ"。Wǒ cónglái bù jiēshòu róngyù chēnghào huòzhě róngyù xuéwèi, Yīncǐ, duì zhège wèntí wǒ xūyào jiěshì jǐjù。Wǒ chá le shǒutóu de zīliào, 2000nián, 19ge guójiā dōu yǒu chìzì, bāokuò yìxiē fādá de dàguó。Yīncǐ, wèntí bú zàiyú nǐ de cáizhèng yǒu méiyǒu chìzì, érshì nǐ zhège chìzì shì yòngzài shénme dìfang, nǐ chìzài shénme dìfang。

02. 2단락 들으면서 따라 하기 02-08.mp3

我留给下届政府的不只是债务，而是25000亿的优质的资产，在将来中国的经济发展中将长期发挥巨大的经济效益和社会效益。所以对不起，我不能接受"赤字总理"这个荣誉称号，奉送回去。我不但克服了亚洲金融危机带给我们的影响，而且利用这个机遇空前地发展了中国的国民经济，我为此感到自豪。谢谢。

Wǒ liúgěi xiàjiè zhèngfǔ de bù zhǐshì zhàiwù, érshì 25000yì de yōuzhì de zīchǎn, zài jiānglái Zhōngguó de jīngjì fāzhǎn zhōng jiāng chángqī fāhuī jùdà de jīngjì xiàoyì hé shèhuì xiàoyì。Suǒyǐ duìbùqǐ, wǒ bùnéng jiēshòu " chìzì zǒnglǐ" zhège róngyù chēnghào, fèngsòng huíqù。Wǒ búdàn kèfú le Yàzhōu jīnróng wēijī dàigěi wǒmen de yǐngxiǎng, érqiě lìyòng zhège jīyù kōngqián de fāzhǎn le Zhōngguó de guómín jīngjì, wǒ wèicǐ gǎndào zìháo。Xiè xiè。

설명

01. 셰도윙은 들으면서 동시에 따라 하는 훈련인 만큼 통역의 듣기 집중력을 훈련하는데 적합한 방법입니다.

잠시라도 긴장을 늦추면 알아들은 부분도 놓치기 쉽습니다. 단어 뜻에 집착하기 보다는 원어민 음성의 톤 속도에 주의하여 그대로 모방하며속도감을 잃지 않도록 합니다.

02. 통역에서 고유명사나 숫자 및 단위는 정확하게 전달해야 합니다.

세 자리 이상의 수사로, 연도나 번호를 나타낼 때는 한 글자씩 읽습니다.

예) 2020年 èr líng èr líng nián
他坐的汽车是200306号。èr líng líng sān líng liù hào

03. 25000亿 liǎngwàn wǔ qiān yì

2만 5천억이라고 통역하지 않고, 한국어 단위 습관에 맞추어 2조 5천억으로 통역합니다.

04. 자리수가 많은 수에서 "0(영)"이두 번 이상 있는 경우 "0(영)" 표시는 단 한번만 읽어도 됩니다.

단, "十"의 자리에 있는 "零"은 반드시 읽어야 합니다. 그외의 자리에 있는 "0(영)"은 읽어도 안 읽어도 무방합니다.

예)

25005	两万五千零五	liǎng wàn wǔ qiān líng wǔ
25050	两万五千零五十	liǎng wàn wǔ qiān ling wǔ shí
2500505	两百五十万(零)五百零五	liǎng bǎi wǔ shí wàn (líng)wǔ bǎi líng wǔ
25500	两万五千五(百)	liǎng wàn wǔ qiān wǔ (bǎi)
25000	两万五(千)	liǎng wàn wǔ (qiān)

구어에 있어서만은 마지막 수의 단위는 생략해도 그 위의 단위로 미루어 헤아릴 수 있기 때문에 상관없으나, 공식적인 경우에는 다 붙여서 읽습니다.

응용실습

01. 핵심 내용 찾기

1) 전체 문단 중 이야기를 비교적 기억하기 쉬운 단락을 선택해보세요
2) 선택한 단락의 내용을 보지 않고 중국어로 다시 말할 수 있도록 핵심어를 표시해보세요.
3) 핵심어는 적을수록 좋습니다. 내용의 흐름을 쉽게 연상시키는 부분만을 표기합니다.
4) 핵심어는 굳이 한자로 쓸 필요는 없고, 간략하게 한글이나 자신만이 아는 기호로 적어도 좋습니다.

1단락

前天我看到香港有一份报纸，送给我一个荣誉称号叫"赤字总理"。我从来不接受荣誉称号或者荣誉学位，因此，对这个问题我需要解释几句。我查了手头的资料，2000年，19个国家都有赤字，包括一些发达的大国。因此，问题不在于你的财政有没有赤字，而是你这个赤字是用在什么地方，你赤在什么地方。

핵심어를 선택하여 표시해보세요.[4]

02. 다시 말하기(重述)

1) 본인이 선택한 핵심어를 이용하여 선택한 단락을 중국어로 다시 말해보세요.
2) 암기가 아닙니다. 표현은 다소 달라도 무방하나, 숫자 고유명사 인명 등은 똑같아야 합니다.
3) 다시 말할 때 본인의 음성을 녹음 후 확인하세요
4) 동일한 방법으로 다른 단락도 연습해보세요.

통역연습

01 예시답안 활용연습

1) 가급적 원문은 보지 않고 듣기에 집중합니다.
2) 중국어 음성을 들으며 발음과 성조 속도를 그대로 모방하여 연습하세요.
3) 텍스트 두 개 전체를 활용하여 섀도윙을 연습하세요.

02-09.mp3

텍스트 2-1	예시답안
大家好, 长途旅行很累吧。我是国际旅行社的导游李民浩.首先热烈欢迎各位到韩国来观光。从现在开始一直到各位回国之前, 我来负责为各位服务。如果有什么问题需要我帮忙, 或者有什么不舒服的地方, 请随时找我。现在下午3点20分, 韩国时间比中国快一个小时, 请各位把手表对好。 从机场到饭店大概需要50分钟。我想利用车上的这段时间, 向大家介绍一下沿途上的主要景点。外面高楼大厦林立的地方, 就是"汝矣岛"。国会大楼、电视台都在这里。 饭店快到了, 请大家准备下车。	여러분 안녕하세요? 멀리 오시느라 피곤하시지요? 저는 국제여행사(National Travel社) 가이드 이민호입니다. 먼저 여러분이 한국에 관광 오신 걸 진심으로 환영합니다. 지금부터 여러분이 돌아가실 때까지, 제가 책임지고 여러분을 모시겠습니다. 제 도움을 필요로 하는 일이 있으시거나, 불편하신 점이 있으면, 언제든 저를 찾아주세요. 지금은 오후 3시20분으로, 한국은 중국보다 1시간 빠르니, 시계를 잘 맞추십시오. 공항에서 호텔까지는 대략 50분 걸리는데, 차안에 있는 이 시간을 이용해서 주변 거리의 주요 명소들을 소개하겠습니다. 밖에 고층빌딩들이 우뚝 서 있는 곳은 '여의도'로 국회의사당과 TV 방송국이 전부 이곳에 있습니다. 호텔에 다 왔네요, 내리실 준비들 하십시오.

02-10.mp3

텍스트 2-2	예시답안
前天我看到香港有一份报纸, 送给我一个荣誉称号叫"赤字总理"。我从来不接受荣誉称号或者荣誉学位, 因此, 对这个问题我需要解释几句。我查了手头的资料, 2000年, 19个国家都有赤字, 包括一些发达的大国。因此, 问题不在于你的财政有没有赤字, 而是你这个赤字是用在什么地方, 你赤在什么地方。 我留给下届政府的不只是债务, 而是25000亿的优质的资产, 在将来中国的经济发展中将长期发挥巨大的经济效益和社会效益。所以对不起, 我不能接受"赤字总理"这个荣誉称号, 奉送回去。我不但克服了亚洲金融危机带给我们的影响, 而且利用这个机遇空前地发展了中国的国民经济, 我为此感到自豪。谢谢。	그저께 홍콩의 어떤 신문에서 저한테 "적자총리"란 명예로운 호칭(영광스러운 타이틀)을 붙여 준 것을 읽었습니다. 저는 이제껏 명예호칭이나 명예학위를 받아 본 적이 없기에, 이 점에 대해서 몇 마디 해야겠습니다. 제가 갖고 있는 자료를 뒤져봤더니, 2000년에 선진국들을 포함해서 19개국이 모두 적자였습니다. 때문에, 문제는 우리네 재정이 적자가 났나 안났나가 아니라 이 적자가 어디에 쓰였고, 어디에서 적자가 났나 하는 점입니다. 제가 차기 정부에 물려 준 것은 순전히 부채만은 아니고, 2조5천억의 우수한 자산으로, 향후 중국의 장기적 경제 발전에 있어서 크나큰 경제적 효율과 사회적 이익을 가져다 줄 겁니다. 때문에, 죄송하지만 "적자총리"란 이 명예호칭은 받을 수 없고 돌려 드리겠습니다. 저는 아시아 금융위기로 인한 영향을 극복했을 뿐만 아니라, 이 기회를 활용하여 중국 국민경제를 유례없이 발전시킨 점에 자부심을 느끼고 있습니다. 감사합니다.

02. 한중 통역 02-11.mp3

한국어를 듣고 중국어로 통역해보세요.

1.

2.

3.

4.

5.

6.

7.

8.

9.

10.

03 각 문항의 음성을 잘 듣고 알맞은 통역을 선택하세요.

1. (　　　　)	① 한국은 중국보다 1시간 늦어요. ② 중국은 한국보다 1시간 늦어요.
2. (　　　　)	① 고층빌딩, 방송국이 모두 이곳에 있습니다. ② 국회의사당, 방송국이 모두 이곳에 있습니다.
3. (　　　　)	① 2003에는 선진국을 제외한 17개국이 모두 적자였습니다. ② 2003년에는 선진국을 포함해서 17개국이 모두 적자였습니다.
4. (　　　　)	① 비행장에서 호텔까지는 50분 걸립니다. ② 공항에서 국회의사당까지는 35분 걸립니다.

쉬어가기

[통역 Q&A]

Q. 통역사나 번역사가 되려면 자격증을 따야 하나요?

A. 일부 기관에서 자격증 시험을 시행하고 있지만, 실제 통번역 시장에선 이러한 자격증을 요구하지 않고 검증된 실력과 경력을 위주로 일을 의뢰합니다. 현재 통역사나 번역사가 되는 가장 빠른 길은 국내통번역 대학원을 졸업하는 것입니다. 국내 공식적인 통역사 교육기관으로는 외대 통역 대학원과 이화여대통역 대학원을 비롯한 기타 통역 대학원이 있습니다. 서울에는 '통역대학원 입시 준비반'을 운영하는 학원이 몇 개나 있을 정도로 경쟁률이 치열한 편입니다.

Q. 통역사가 하는 일의 종류는?

A. 통역의 꽃이라 할 수 있는 동시통역은 TV 자료화면을 통해서 많이들 보셨을 겁니다. 그러나, 동시통역은 전문 훈련을 받은 이들만이 할 수 있는 것이고 통역 대학원 입학생 중에서도 동시통역 훈련반을 따로 선발합니다. 일반적으로는 순차통역을 하게 됩니다. 순차통역 중에도 전문 순차통역 역시 전문적인 훈련을 필요로 하고, 통역 대학원을 졸업한 학생들은 주로 기업이나 정부 기관의 통역사 번역사로 근무하게 됩니다. 대 기업의 경우 회사 기밀 유지 차원에서도 프리랜서 통역사를 쓰기 보다는 회사 자체 내의 통역사 번역사를 고용하는 추세가 점점 늘고 있습니다. 이러한 통역사를 인하우스 (in-house) 통역사라고 합니다. 그러나 상근직을 원치 않고 프리랜서 통역사로 일하는 경우도 많습니다. 관광가이드 통역의 경우엔 통역 대학원 등에서 전문적인 훈련을 받지 않아도 관광공사에서 시행하는 자격증을 획득하면 여행사에서 관광가이드로 근무할 수 있습니다.

[1] 정답

1) 长途旅行　2) 国际旅行社　3) 热烈　4) 开始　5) 随时
6) 手表对好　7) 车上 8主要　9) 高楼大厦　10) 国会大楼　11) 准备下车

[2] 핵심어 예

3:20, 1快 50분 여의도(국회 TV) 준비

[3] 정답

1) 香港　2) 从来不接受　3) 荣誉学位　4) 解释几句　5) 赤字
6) 问题不在于　7) 用在　8) 下届政府　9) 优质　10) 经济效益
11) 赤字总理　12) 奉送　13) 克服了　14) 空前地　15) 自豪

[4] 핵심어 예

그제 HK.. 영예칭호 ~학위 x ∴ 자료 2000 19口(선진) ∴ 문제는≠적, 用?赤?

-핵심어 풀이: HK(홍콩)19口(선진) (口:국가 國의 테두리, 선진국 포함, ( )로 포함을 의미)

2부 문장구역 훈련

제3과

중한 문장구역 (일반)

학습목표

◎ 텍스트를 눈으로 읽으며 통역하는 문장구역 실습

▶ 3-1 金庸北大演讲 진융(金庸) 북경대 연설

▶ 3 -2 仁川国际机场 인천 국제공항

◎ 텍스트 핵심내용 찾기

◎ 핵심내용을 이용하여 중국어로 다시 말하기

문장구역이란?

문장구역(= sight translation, 视译 shìyì)은 문장을 눈으로 보면서 구두로 통역하는 것입니다. 연설 원고를 눈앞에 두고 통역하는 것은 모두 넓은 의미의 문장구역이라 할 수 있습니다.

문장구역의 장점

1) 직접적인 통역을 하기 전, 다른 언어로 변환하는 통역의 전 단계로 번역이나 통역할 글의 개략적인 내용을 파악하고 통번역 속도를 향상시키는데 좋은 훈련방법입니다.
2) 눈으로 보면서 거의 동시에 발화 처리하는 순발력을 훈련하므로 순차통역이나 동시통역을 준비하는데 모두 유용한 훈련입니다.
3) 혼자서도 가능한 연습방법으로 큰 효과를 보고 실력을 높일 수 있습니다.
4) 비교적 다양한 주제의 텍스트를 쉽게 구할 수 있습니다.

문장구역 연습방법

1) 독해가 아닙니다. 한국어(중국어) 어순에 맞게 자연스럽게 일상적인 대화를 통역하듯 또는 일반 연설을 통역하는 것처럼 들리게 해야 합니다. (협약·계약·회의록 등의 법률 서류는 예외)
2) 단어 하나하나의 세세한 부분 보다는 문장의 전체적 의미를 전달함으로써 직설적이고 분명하게 들리게 해야 합니다.

예) "他的技术使我很佩服。"를 아래와 같이 통역한다고하면…

1. 그의 기술은 나로 하여금 탄복하게 한다,
2. 그 사람 기술에 나는 탄복했다.
3. 난 그 사람 기술에 감탄했다./ 그 사람 기술이 대단하다.

1은 중국어 문법과 단어의 쓰임새를 파악하는데 도움이 되는 해석일 뿐 통역이라고 할 수 없습니다. 최소 2나 3과 같은 통역을 해야 하며, 그 중에서도 '나'를 생략하고 '그 사람 기술이 대단하네요'와 같은 통역이 가장 자연스러운 표현입니다. 문장구역을 연습할 때는 이와 같은 자세로 연습을 해야 합니다.

3-1. 金庸北大演讲

통역준비

텍스트 ( ) 넣기 03-01.mp3

음성을 들으며 빈칸에 들어갈 단어를 적어 보세요.

<金庸北大演讲>[1]
我(①______)感谢北京大学(②______)我名誉教授的称号。我一生主要(③______)。(④______)是全然没有资格的。但幸亏我是"名誉教授"。我下面要讲的话，真的是要向各位老师和朋友们(⑤______)的，这不是客套。世界上的很多文明都在历史进程中(⑥______)或消亡了，直到现在仍真正兴旺(⑦______)的文明只有两个，一个是西方的(⑧______)文明，一个是(⑨______)的中国文明。伦敦《泰晤士报》前总编辑曾谈到，十九世纪世界的(⑩______)在伦敦，而二十一世纪(⑪______)要转到中国。至于这个中心是中国的北京还是上海，(⑫______)，在北京或在上海都不是问题，(⑬______)在中国就很好。
(来源:《明报月刊》: 金庸北大演讲记录 편집)

용어정리 03-02.mp3

각 열을 손으로 가리고 그에 대응하는 중국어(또는 한국어) 표현을 생각해 보고 연습하면 좋습니다.

수여하다 주다	授予 shòuyǔ
(교수가) 되다	当教授 dāng (jiàoshòu)
전혀 도무지(주로 부정적으로 사용)	全然 quánrán
다행히, 운좋게	幸亏 xìngkuī
가르침을 청하다	请教 qǐngjiào
체면 차리는 말투	客套 kètào
사라지다 소멸되다	消亡 xiāowáng
서양 / 동양	西方 xīfāng / 东方 dōngfāng
유럽과 미국	欧美(欧洲与美洲) Ōu Měi
런던 타임즈(신문사명) London Times	伦敦《泰晤士报》Lúndūn Tàiwùshìbào
(전)편집장	(前)总编辑 (qián) zǒngbiānjí
긍정하다 / 틀림없이	肯定 kěndìng
~에 대해 말하자면 / ~의 정도에 이르다	至于 zhìyú
~하기만 하면, 곧	只要~就 zhǐyào~jiù

통역실습

1) 먼저 1단락부터 3단락까지 전체 단락을 소리 내어 읽으며 대략적인 뜻을 파악합니다.
2) 그 뒤 각 단락별로 문장구역을 합니다. 개별 단어에 집착하기 보다 상대방에게 내용을 옮기듯 자연스럽게 통역합니다.
3) 예시답안은 통역연습에서 확인할 수 있습니다.

단락별 실습

01. 1단락 텍스트 읽기

我衷心感谢北京大学授予我名誉教授的称号。我一生主要从事新闻工作。当教授是全然没有资格的。但幸亏我是"名誉教授"。我下面要讲的话, 真的是要向各位老师和朋友们请教的, 这不是客套。

Wǒ zhōngxīn gǎnxiè Běijīng dàxué shòuyǔ wǒ míngyù jiàoshòu de chēnghào。Wǒ yìshēng zhǔyào cóngshì xīnwén gōngzuò。Dāng jiàoshòu shì quánrán méiyǒu zīgé de。Dàn xìngkuī wǒ shì "míngyù jiàoshòu "。Wǒ xiàmiàn yào jiǎng de huà, zhēn de shì yào xiàng gèwèi lǎoshī hé péngyoumen qǐngjiào de, zhè bú shì kètào。

02. 2단락 텍스트 읽기

世界上的很多文明都在历史进程中衰退或消亡了, 直到现在仍真正兴旺发达的文明只有两个, 一个是西方的欧美文明, 一个是东方的中国文明。

Shìjiè shàng de hěn duō wénmíng dōu zài lìshǐ jìnchéng zhōng shuāituì huò xiāowáng le , zhídào xiànzài réng zhēnzhèng xīngwàng fā dá de wénmíng zhǐyǒu liǎng ge, yī ge shì Xīfāng de Ōu Měi wénmíng, yī ge shì Dōngfāng de Zhōngguó wén míng。

03. 3단락 텍스트 읽기

伦敦《泰晤士报》前总编辑曾谈到, 十九世纪世界的经济中心在伦敦, 而二十一世纪肯定要转到中国。至于这个中心是中国的北京还是上海, 依我看, 在北京或在上海都不是问题, 只要是在中国就很好。

Lúndūn《Tàiwùshì bào》qián zǒngbiānjí céng tándào, shí jiǔ shìjì shìjiè de jīngjì zhōngxīn zài Lúndūn , ér èrshí yī shìjì kěndìng yào zhuǎndào Zhōngguó。Zhìyú zhège zhōngxīn shì Zhōngguó de Běijīng háishì Shànghǎi, yī wǒ kàn, zài Běijīng huò zài Shànghǎi dōu bú shì wèntí, zhǐyào shì zài Zhōngguó jiù hěn hǎo。

04. 1, 2, 3단락 문장구역★★

문장구역을 연습하기 위해 텍스트 읽기를 한 것입니다. 문장구역은 본 단원의 핵심부분입으로 꼭 직접 실습해야 합니다. 위의 각 단락을 보면서 단락별로 문장구역을 해보세요.

설명

01. 연설문 분석과 연결어

통역을 할 때는 나름대로 분석하면서 흐름을 파악하면 그 내용을 기억하기도 수월하고 통역도 일관되게 할 수 있습니다. 또한 모든 내용을 일일이 다 기억하려고 하기보다는 중간의 연결어들을 머릿속에 담아두거나 짧게 기록해두면 본 내용을 쉽게 연상할 수 있습니다. 예를 들어, 위 연설문의 구성을 분석해보면:

연설문 분석	분석하며 듣기
1단락: 첫 인사와 자기 소개	**但幸亏** (그런데, 뭐가 다행이란 거지?) **我下面要讲的话** (아, 이제 뭔가 본 내용을 시작하려나 보다..)
2단락: 세계 문명의 흐름	**两个**(문명 두 개가 뭐였지?)
3단락: 타인의 말을 인용하여 자신의 의견을 전달	**而**20세기 (20세기 앞에는 19세기가 대비됐었지..) **依我看** (아, 본인 생각을 말하니 잘 들어야겠다)

이와 같이 통역할 때는 다음에 전개될 내용을 유도하는 연결어들을 잘 파악하면 내용 흐름을 따라가기도 쉬울뿐더러 통역할 때도 그 내용을 쉽게 떠올릴 수 있습니다.

02. 동일하거나 유사한 한자어 주의

한중 언어간에 유사한 한자어는 눈으로 볼 때는 너무 쉽게 파악이 되어 무심코 지나치지만, 한국어를 중국어로 통역할 때는 오히려 걸림돌이 되기 쉽습니다. 평소에 이러한 한자어들의 중국어발음에 주의하고 한국어로 통역할 때 한자어로 통역하기 보다는 자연스러운 입말로 통역하는 습관을 들여야 한중 통역도 보다 수월하게 할 수 있습니다..

예) 구어체 통역과 한자어를 그대로 사용한 통역 비교

구어체 통역	한자어 통역	문장
평생 언론계에 몸담았습니다.	저는 일생 동안 신문 업계에 종사했습니다.	我一生从事新闻工作
역사의 흐름 속에서	역사가 진전하는 중에	在历史进程中

03. 客套 인사치레 말

예) 我们是老朋友，用不着客套。(用不着 yòngbuzháo ~할 필요가 없다)
우린 오랜 친구 사이인데 쓸데없는 인사말은 관두지..

客套는 客气的套语(tàoyǔ), 즉 '체면을 차리는 상투어'란 의미로 이러한 표현들을 우리말로 빨리 바꾸어 표현할 수 있는 순발력이 필요합니다. '请留步 나오지 마십시오', '请慢走 살펴 가십시오', '请多多指教 많이 가르쳐 주십시오'등이 흔히 사용되는 客套话입니다.

응용실습

01. 핵심 내용 찾기

1) 전체 문단 중 이야기를 비교적 기억하기 쉬운 단락을 선택해보세요
2) 선택한 단락의 내용을 보지 않고 중국어로 다시 말할 수 있도록 핵심어를 표시해보세요.
3) 핵심어는 적을수록 좋습니다. 내용의 흐름을 쉽게 연상시키는 부분만을 표기합니다.
4) 핵심어는 굳이 한자로 쓸 필요는 없고, 간략하게 한글이나 자신만이 아는 기호로 적어도 좋습니다.

1단락

我衷心感谢北京大学授予我名誉教授的称号。我一生主要从事新闻工作。当教授是全然没有资格的。但幸亏我是"名誉教授"。我下面要讲的话，真的是要向各位老师和朋友们请教的，这不是客套。

핵심어를 선택하여 표시해보세요[2]:

02. 다시 말하기(重述)

1) 본인이 선택한 핵심어를 이용하여 선택한 단락을 중국어로 다시 말해보세요.
2) 암기가 아닙니다. 표현은 다소 달라도 무방하나, 숫자 고유명사 인명 등은 똑같아야 합니다.
3) 다시 말할 때 본인의 음성을 녹음 후 확인하세요
4) 동일한 방법으로 다른 단락도 연습해보세요.

3-2. 仁川国际机场

통역준비

텍스트 ( ) 넣기 03-03.mp3

음성을 들으며 빈칸에 들어갈 단어를 적어 보세요.

<仁川国际机场>[3]

旅客到仁川国际机场时需要考虑(①________)高峰问题，最好提前1个小时出发。(②________)先到3楼办理(③______)。旅客拿到机票和(④______)号以后，接受(⑤______)、向海关申报。然后，就可以进入(⑥______)。这里(⑦______)各种商品。如纪念品、旅游用品、(⑧______)、(⑨______)用品等等。这里还有(⑩______)和快餐厅。仁川机场中央大厅2楼有(⑪______)和电信中心。商务中心提供(⑫______)、(⑬______)、秘书工作等服务，订房间、租车等其他商务方面的服务也(⑭______)。附近的(⑮______)备有电脑和(⑯______)，旅客可以在这里使用(⑰______)或传真。

(来源: 인천국제공항 중문판 홈페이지)

용어정리 03-04.mp3

각 열을 손으로 가리고 그에 대응하는 중국어(또는 한국어) 표현을 생각해 보고 연습하면 좋습니다.

인천국제공항	仁川国际机场 Rénchuān guójì jīchǎng
교통체증	交通高峰 jiāotōng gāofēng
수속 처리하다	办理手续 bànlǐ shǒuxù
짐 번호표	行李号 xíngli hào
세관 신고	海关申报 hǎiguān shēnbào
보호구역	保护区 bǎohùqū
골프(golf)	高尔夫球 gāoěrfūqiú
양식당, 레스토랑	西餐厅 xīcāntīng
패스트 푸드점	快餐厅 kuàicāntīng
로비, 홀	大厅 dàtīng
상업상 업무	商务 shāngwù
전기통신(telecom)	电信 diànxìn
있어야 할 것은 전부 다 있다	应有尽有 yīngyǒujìnyǒu
팩스를 구비하다	备有传真 bèiyǒu chuánzhēn
인터넷	因特网 yīntèwǎng

통역실습

1) 먼저 1단락부터 3단락까지 전체 단락을 소리 내어 읽으며 대략적인 뜻을 파악합니다.
2) 그 뒤 각 단락별로 문장구역을 합니다. 개별 단어에 집착하기보다 상대방에게 내용을 옮기듯 자연스럽게 통역합니다.
3) 예시답안은 통역연습에서 확인할 수 있습니다.

단락별 실습

01. 1단락 텍스트 읽기

旅客到仁川国际机场时需要考虑交通高峰问题，最好提前1个小时出发。出国先到3楼办理手续。旅客拿到机票和行李号以后，接受安全检查、海关申报。

Lǚkè dào Rénchuān guójì jīchǎng shí xūyào kǎolǜ jiāotōng gāofēng wèntí, zuìhǎo tíqián yī ge xiǎoshí chūfā。Chūguó xiān dào sān lóu bànlǐ shǒuxù。Lǚkè nádào jīpiào hé xínglǐhào yǐhòu, jiēshòu ānquán jiǎnchá、hǎiguān shēnbào。

02. 2단락 텍스트 읽기

然后，就可以进入保护区。这里出售各种商品，如纪念品、旅游用品、服装、高尔夫球用品等等。这里还有西餐厅和快餐厅。仁川机场中央大厅2楼有商务中心和电信中心。

Ránhòu, jiù kěyǐ jìnrù bǎohùqū。Zhèlǐ chūshòu gèzhǒng shāngpǐn, rú jìniànpǐn、lǚyóu yòngpǐn、fúzhuāng、gāoěrfūqiú yòngpǐn děngděng。Zhèlǐ hái yǒu xīcāntīng hé kuàicāntīng。Rénchuān jīchǎng zhōngyāng dàtīng èr lóu yǒu shāngwù zhōngxīn hé diànxìn zhōngxīn。

03. 3단락 텍스트 읽기

商务中心提供口译、笔译、秘书工作等服务，订房间、租车等其他商务方面的服务也应有尽有。附近的电信中心备有电脑和传真，旅客可以在这里使用因特网或传真。

Shāngwù zhōngxīn tígòng kǒuyì、bǐyì、mìshū gōngzuò děng fúwù, dìng fángjiān、zūchē děng qítā shāngwù fāngmiàn de fúwù yě yīngyǒujìnyǒu。Fùjìn de diànxìn zhōngxīn bèiyǒu diànnǎo hé chuánzhēn, lǚkè kěyǐ zài zhèlǐ shǐyòng yīntèwǎng huò chuánzhēn。

04. 1, 2, 3단락 문장구역★★

문장구역을 연습하기 위해 텍스트 읽기를 한 것입니다. 문장구역은 본 단원의 핵심부분입으로 꼭 직접 실습해야 합니다. 위의 각 단락을 보면서 단락별로 문장구역을 해보세요.

설명

01. 인천국제공항 문장 분석

통역을 할 때는 받아 적기 급급할 것이 아니라 분석하며 듣는 습관을 들이는 것이 바람직합니다.

문장 분석	분석하며 듣기
1단락: 공항 가기와 출국 수속	아, 지금은 공항 갈 때 주의사항이랑 출국수속 얘기하는 구나 **最好提前1个小时** (왜 1시간먼저?) **办理手续～以后** (어디서 뭐부터 수속하지? 그 다음엔?)
2단락: 면세구역	**然后 保护区** (그리고 뭘 하지? 면세구역 안에 뭐가 있지? 머리 속 그림으로 4가지 상품 연상)
3단락: 비즈니스센터와 정보통신센터	**商务中心** (음, 5가지 일을 제공하는 구나) **电信中心** (음, 2가지 할 수 있네)

이와 같이 통역할 때는 자신이 생각을 하며 이해하면 기계적인 통역을 하지 않고 보다 자연스러운 입말을 구사하기가 쉬워집니다.

02. 한자어를 동일한 한자어로 통역하기 보다는 경우에 따라 일상적 표현으로 바꾸는 노력이 필요합니다.

예) 商务中心 상무중심 → 비즈니스 센터 服装 복장 → 의류
　　电信中心 전신중심 → 전기통신 센터 → 정보통신 센터
　　安全检查 안전검사 → 보안검색 (공항 용어에 맞추어서)

03. 交通高峰

高峰은 절정에 달함을 의미하며 交通高峰은 교통량이 최고 절정에 달한 교통 체증을 뜻합니다. 교통체증과 관련된 기타 다른 표현을 소개하면:

붐비다 혼잡하다 拥挤 yōngjǐ 차가 막히다 堵车 dǔchē
러시아워 高峰时间 gāofēng shíjiān 교통체증 交通堵塞 jiāotōng dǔsè

서울시는 인구가 1200만이 넘고 교통이 늘 혼잡한 편이라, 차가 자주 막히고, 출퇴근 러시아워 때 교통체증은 여전히 심각합니다.
人口超过1200万的首尔交通总是很拥挤，常常堵车，上下班的高峰时间交通堵塞还是很严重。

응용실습

01. 핵심 내용 찾기

1) 전체 문단 중 이야기를 비교적 기억하기 쉬운 단락을 선택해보세요
2) 선택한 단락의 내용을 보지 않고 중국어로 다시 말할 수 있도록 핵심어를 표시해보세요.
3) 핵심어는 적을수록 좋습니다. 내용의 흐름을 쉽게 연상시키는 부분만을 표기합니다.
4) 핵심어는 굳이 한자로 쓸 필요는 없고, 간략하게 한글이나 자신만이 아는 기호로 적어도 좋습니다.

3단락

商务中心提供口译、笔译、秘书工作等服务，订房间、租车等其他商务方面的服务也应有尽有。附近的电信中心备有电脑和传真，旅客可以在这里使用因特网或传真。

핵심어를 선택하여 표시해보세요.[4]

02. 다시 말하기(重述)

1) 본인이 선택한 핵심어를 이용하여 선택한 단락을 중국어로 다시 말해보세요.
2) 암기가 아닙니다. 표현은 다소 달라도 무방하나, 숫자 고유명사 인명 등은 똑같아야 합니다.
3) 다시 말할 때 본인의 음성을 녹음 후 확인하세요
4) 동일한 방법으로 다른 단락도 연습해보세요.

통역연습

01. 예시답안 활용연습

다음 연습방법 중 최소 1가지 방법을 선택하여 연습하며 녹음한 뒤 예시답안과 비교해 보세요.

1) 중중 섀도윙: 중국어 텍스트를 가리고 중국어 음성을 들으며 중국어로 섀도윙 연습을 해보세요.
2) 중한통역: 예시답안 전체를 가리고 중국어 음성을 들으며 한국어로 통역하여 녹음 후 비교해 보세요.
3) 한중통역: 한국어 예시답안을 보며 중국어로 문장구역을 해보세요.

03-05.mp3

텍스트 3-1	예시답안
我衷心感谢北京大学授予我名誉教授的称号。我一生主要从事新闻工作。当教授是全然没有资格的。但幸亏我是"名誉教授"。我下面要讲的话，真的是要向各位老师和朋友们请教的，这不是客套。世界上的很多文明都在历史进程中衰退或消亡了，直到现在仍真正兴旺发达的文明只有两个，一个是西方的欧美文明，一个是东方的中国文明。伦敦《泰晤士报》前总编辑曾谈到，十九世纪世界的经济中心在伦敦，而二十一世纪肯定要转到中国。至于这个中心是中国的北京还是上海，依我看，在北京或在上海都不是问题，只要是在中国就很好。	제게 명예교수직을 주신 북경대에 진심으로 감사드립니다. 저는 평생 주로 언론계에 몸담아 왔기에 교수가 되기엔 전혀 자격이 없지만 다행스럽게도 저는 '명예교수'입니다. 제가 이제 말씀드리려는 내용은 여러 교수님과 학생들께 정말 여쭈고 싶은 것들입니다, 괜한 인사치레가 아닙니다. 세계역사의 흐름 속에서 수많은 문명이 사라지거나 소멸되었는데, 지금까지 왕성한 문명은 오직 서양의 서구 문명과 동양의 중국문명뿐입니다. 런던『타임즈』의 전 편집장은 19세기에는 세계 중심지가 런던이었지만, 21세기는 틀림없이 중국으로 바뀔 거라고 했습니다. 이 중심이 중국 북경이 되나 상해가 되나, 제 생각엔 북경이든 상해든 상관없습니다. 그저 중국이기만 하면 좋습니다.

03-06.mp3

텍스트 3-2	예시답안
旅客到仁川国际机场时需要考虑交通高峰问题，最好提前1个小时出发。出国先到3楼办理手续。旅客拿到机票和行李号以后，接受安全检查、向海关申报。然后，就可以进入保护区。这里出售各种商品，如纪念品、旅游用品、服装、高尔夫球用品等等。这里还有西餐厅和快餐厅。仁川机场中央大厅2楼有商务中心和电信中心。商务中心提供口译、笔译、秘书工作等服务，订房间、租车等其他商务方面的服务也应有尽有。附近的电信中心备有电脑和传真，旅客可以在这里使用因特网或传真。	인천국제공항으로 갈 때 여행객들은 교통체증을 고려하여 1시간 앞당겨 출발하는 것이 좋습니다. 출국하려면 먼저 3층에서 수속합니다. 비행기 티켓과 수하물표를 받은 뒤 보안검색을 받고, 세관신고를 마친 뒤에 보세구역으로 들어갈 수 있습니다. 이곳에선 기념품 여행용품 의류 골프용품 등 각종 물건을 판매하며 레스토랑 패스트푸드점도 있습니다. 공항 로비 2층에는 비즈니스 센터와 정보통신센터가 있는데, 비즈니스 센터에서는 통역·번역 비서업무 등의 서비스를 제공하고, 호텔예약·카렌트 등 기타 온갖 비즈니스 관련 서비스도 매우 잘 갖추어져 있습니다. 가까이 있는 정보통신센터에는 컴퓨터와 팩스도 있어서 이곳에서 인터넷이나 팩스를 사용할 수 있습니다.

02. 한중 통역 03-07.mp3

한국어를 듣고 중국어로 통역해보세요

1.

2.

3.

4.

5.

6.

7.

8.

9.

10.

03 각 문항의 음성을 잘 듣고 알맞은 통역을 선택하세요.

1. (　　　　)	① 제가 이제 말씀 드리려는 것은 정말 인사치레가 아닙니다. ② 제가 아까 말씀 드린 것은 정말 인사치레가 아닙니다.
2. (　　　　)	① 다행히도 저는 언론인입니다. ② 다행히도 저는 명예교수입니다.
3. (　　　　)	① 비행기 티켓을 받고 나서 3층으로 가서 수속합니다. ② 비행기 티켓을 받으려면 먼저 3층으로 가서 수속합니다.
4. (　　　　)	① 이곳에선 기념품 여행용품 의류 골프용품 등 각종 물건을 판매합니다. ② 이곳에선 기념품 의류 골프용품 등 각종 물건을 판매합니다.

쉬어가기

[중국의 방언과 통역]

통역을 나갔을 때 '지금 하시는 중국어가 Mandarin입니까? Cantonese입니까?'라고 물어본 사람이 있었습니다. 뭐라고 대답해야 할까요?

우리가 하는 표준 중국어(普通话, Standard Chinese)는 영어로 'Mandarin'이라고도 합니다. 엄밀히 얘기하면 'Mandarin'은 명·청대 이래로 관료층에서 주로사용하던 북방방언으로 포르투갈어 'Mandar(지배하다)'에서 유래한 것입니다. 현대표준 중국어는 북방방언이 모태가 되어 제정되었기에 이를 그대로 통용하기도 합니다. 이밖에 서양인과 상업 활동이 왕성했던 광동어와 복건어는 영어로 'Cantonese' 'Fukenese'라고 합니다. 이중 'Cantonese'는 광동어를 사용하는 지역인 '광동'을 당시 서양인들이 '깐돈'이라 부르고 여기에 언어와 사람을 뜻하는 접미사 'ese'를 결합하여 나온 표현입니다. 또한'Fukenese'는 복건어를 사용하는 지역인 '복건'을 '푸켄'으로 발음하고 여기에 역시 'ese'를 결합하여 생성된 표현입니다.

이처럼 중국어 방언은 영어로도 각기 표기될 만큼 그 종류가 다양하고 우리나라와 비교가 되지 않을 정도로 그 차이가 큽니다. 또한 중국은 동일 方言이라도 그 내부에 지역적 차이가 존재하기 때문에 이런 경우의 사투리를 次方言이라고 합니다. 차방언은 대체로 의사소통은 가능하나 지역적 특징을 띠고 있으며, 우리나라에서 말하는 사투리도 이런 등급에 해당한다고 할 수 있습니다.

공식적인 자리에서는 중국인들도 의식적으로 표준어를 구사하지만 간혹 나이 많은 연사 중에는 사투리 억양이 담겨있거나 혀를 심하게 말고 불분명하게 말을 우물거릴 경우도 있어서 통역에 어려움을 겪게 됩니다.

[1] 정답

1) 衷心　2) 授予　3) 从事新闻工作　4) 当教授　5) 请教　6) 衰退
7) 发达　8) 欧美　9) 东方　10)经济中心　11) 肯定　12)依我看
13)只要是

[2] 핵심어예

감사 평생 자격무 / 단 다행히 / 下…, 진짜, ×

[3] 정답

1) 交通　2) 出国　3) 手续　4) 行李　5) 安全检查　6) 保护区___
7) 出售　8) 服装　9) 高尔夫球　10) 西餐厅　11) 商务中心　12) 口译___
13) 笔译　14) 应有尽有　15) 电信中心　16) 传真　17) 因特网

[4] 핵심어 예

B(5-口, 필, 비, 방, 차) / 전(컴, f) / 여 가2
핵심어 풀이(B는 비즈니스센터)5가지 제공 / 전(电信中心)가2(2가지 가능)

제4과

중한문장구역 (사회 문화)

학습목표

◎ 사회 문화를 주제로 관련 텍스트를 눈으로 읽으며 통역하는 문장구역 실습

▶ 4-1 中国的数字文化 중국의 숫자 문화

▶ 4-2 韩国驻华大使演讲 주중 한국대사 연설

◎ 텍스트 핵심내용 찾기

◎ 핵심내용을 이용하여 중국어로 다시 말하기

문장구역의 문장 선별법

교재나 인터넷을 활용하면 혼자서도 학습할 수 있는 문장을 쉽게 다양하게 구할 수 있습니다. 문장구역을 연습하기 위한 문장을 선별할 때는 다음 사항을 고려합니다.

1) 구어체 문장이나 연설문으로 주제를 다양하게 선별합니다.

예를 들어, '愚公移山'등과 같이 고사성어를 풀이한 문장이나 문언체 스타일의 문학작품은 적합한 대상이 아닙니다.

2) 번역문이 아닌 중국어 원문을 선택합니다.

예를 들어, 스티븐 잡스나 빌 게이츠의 영어 연설문을 중국어로 번역한 문장은 설혹 내용이 좋더라도 번역투의 표현이 있기 쉬우므로 권장사항은 아닙니다. 또한 한국어를 중국어로 번역한 문장의 경우 역시 우선적 고려대상은 아닙니다. 그러나 이 경우엔 한국 실정에 맞는 적합한 단어와 표현(예- 김치: 泡菜 / 비빔밥: 拌饭)을 중국어로 익히기 쉬운 장점이 있으므로 주의 깊게 선별합니다.

3) 가급적 자신의 실력보다 한 단계 위인 문장을 선택합니다

문장구역 연습 방법

1) 상대방에게 직접 말하는 기분으로 연습합니다.

예를 들어, "听说他们要招一名汉语翻译"의 동일한 문장은 통역자에 따라 다음과 같이 다르게 통역 될 수 있습니다.

1. 듣자니 그들이 중국어 통역을 한 명 구한다고 한다.
2. 그 사람들이 중국어 통역을 한 명 구한다고 들었어요.
3. (그 쪽에서) 중국어 통역 한 명 구한다고 하네요.

⇒ 위의 통역에서 가장 자연스러운 통역은 3입니다. '듣자니' '그들' 과 같은 표현을 그대로 쓰지 않고, '~라고 하네요' '(그 쪽에서)' 또는 아예'그들'을 생략해버림으로써 한결 간결합니다. 연습할 때도 직접 대화하는 느낌으로 연습합니다.

2) 통역할 때는 통역 현장을 대비하여 경어체를 사용하여 연습합니다.

4-1. 中国的数字文化

통역준비

텍스트 ( ) 넣기 04-01.mp3

음성을 들으며 빈칸에 들어갈 단어를 적어 보세요.

<中国的数字文化>[1]
数字在中国一直扮演着(①______)的角色。在广州一个拍卖会上，某一个中国人(②______)元买一个车牌号。他的(③______)还不是最高的。最贵的一个(④______)AC(⑤______)要价8万元。有人说，(⑥______)像中国对轿车这么狂热。在中国，(⑦______)牌照几乎和轿车一样成了社会地位的(⑧______)。对(⑨______)的人来说，8与"发"(⑩______)相近，则(⑪______)好运，这就不难(⑫______)为什么那么多人去(⑬______)了。也是为了炫耀财富，(⑭______)争着花大钱买(⑮______)。据说，一家地方(⑯______)甚至出价(⑰______)元购买了88888888电话号码。"(来源:《环球时报》)

용어정리 04-02.mp3

각 열을 손으로 가리고 그에 대응하는 중국어(또는 한국어) 표현을 생각해 보고 연습하면 좋습니다.

줄곧~배역을 (연기)하다	一直扮演着~角色 yìzhí bànyǎn zhe~juésè
광저우(地名)	广州 Guǎngzhōu
경매, 할인판매(행사)	拍卖会 pāimàihuì
(큰 돈을)쓰다 / 소비하다	花(大钱) huā (dà qián)
차량 번호판	车牌号码 chēpái hàomǎ
가격을 제시하다 / 입찰하다	出价 chūjià
값을 부르다	要价 yàojià
승용차	轿车 jiàochē
자동차 번호판 /운전 면허증	牌照 páizhào
돈을 벌다 부자되다	发财 fācái
(이해하기) 어렵지 않다	不难(理解) bùnán (lǐjiě)
뽐내다 과시하다	炫耀 xuànyào
다투어 돈을 쓰다	争着花钱 zhēng zhe huāqián
(다른 이의)말을 근거하다	据说 jùshuō
구매하다	购买 gòumǎi

통역실습

1) 먼저 1단락부터 3단락까지 전체 단락을 소리 내어 읽으며 대략적인 뜻을 파악합니다.
2) 그 뒤 각 단락별로 문장구역을 합니다. 개별 단어에 집착하기 보다 상대방에게 내용을 옮기듯 자연스럽게 통역합니다.
3) 예시답안은 통역연습에서 확인할 수 있습니다.

단락별 실습

01. 1단락 텍스트 읽기

数字在中国一直扮演着第二语言的角色。在广州一个拍卖会上，某一个中国人花了5.4万元买一个车牌号。他的出价还不是最高的。最贵的一个车牌号AC6688要价8万元。

Shùzì zài Zhōngguó yìzhí bànyǎn zhe dì èr yǔyán de juésè。Zài Guǎngzhōu yī ge pāimàihuì shàng, mǒu y īge Zhōngguórén huā le wǔ diǎn sì wàn yuán mǎi yī ge chēpáihào。Tā de chūjià hái búshì zuì gāo de。Zuì guì de yī ge chēpáihào AC liù liù bā bā yàojià bā wàn yuán。

02. 2단락 텍스트 읽기

有人说，没有其他国家像中国对轿车这么狂热。在中国，汽车牌照几乎和轿车一样成了社会地位的象征。对迷信的人来说，8与"发"读音相近，则意味好运，这就不难理解为什么那么多人去竞争数字了。

Yǒurén shuō, méiyǒu qítā guójiā xiàng Zhōngguó duì jiàochē zhème kuángrè。Zài Zhōngguó, qìchē páizhào jīhū hé jiàochē yīyàng chéng le shèhuì dìwèi de xiàngzhēng。Duì míxìn de rén lái shuō, bā yǔ fā dúyīn xiāngjìn, zé yìwèi hǎoyùn, zhè jiù bùnán lǐjiě wèishénme nàme duō rén qù jìngzhēng shùzì le。

03. 3단락 텍스트 읽기

也是为了炫耀财富，企业家争着花大钱买幸运号码。据说，一家地方航空公司甚至出价240万元购买了88888888电话号码。

Yě shì wèi le xuànyào cáifù, qǐyèjiā zhēng zhe huā dà qián mǎi xìngyùn hàomǎ。Jù shuō, yì jiā dìfāng hángkōnggōngsī shènzhì chūjià liǎngbǎi sìshí wàn yuán gòumǎi le 88888888 diànhuàhàomǎ。

04. 1, 2, 3단락 문장구역★★

문장구역을 연습하기 위해 텍스트 읽기를 한 것입니다. 문장구역은 본 단원의 핵심부분입으로 꼭 직접 실습해야 합니다. 위의 각 단락을 보면서 단락별로 문장구역을 해보세요.

설명

01. 最贵的一个车牌号AC6688要价8万元。

'6688'는 '路路发发'의 발음과 유사하여 비싸게 팔리는 번호로 '路路发发'는 '가는 곳 마다 부자되세요(发财)'의 의미입니다.

"中国人看到车牌号中有4到5个'8', 就知道车主一定是富人"
중국인들은 차번호에'8'이 4-5개 들어있으면 차량 소유자가 부자라고 생각합니다.:

5.4만 위안은 환율을 대략 1:170로 따질 경우 918만원; 8만 위안은 1300만원-1400만원에 해당하며, 240만 위안은 약4억8백만 원 가량입니다.

02. 한중 통역을 잘하려면 중국어의 동사에 주의해야 합니다.

예) 扮演着~角色 成了~象征 花大钱

03. 핵심어를 중심으로 확장 연습을 하는 것이 좋습니다

예) 花大钱 거금을 쓴다
争着花大钱 경쟁하듯 거금을 쓴다
争着花大钱买幸运号码 경쟁하듯 거금을 들여 행운의 숫자를 사들인다
企业家争着花大钱买幸运号码.
기업가들은 경쟁하듯 거금을 들여 행운의 숫자를 사들인다.
为了炫耀财富, 企业家争着花大钱买幸运号码.
사업하는 이들은 돈 자랑하느라 행운의 숫자를 사들이는데 경쟁하듯 돈을 왕창 쓴다.

응용실습

01. 핵심 내용 찾기

1) 전체 문단 중 이야기를 비교적 기억하기 쉬운 단락을 선택해보세요
2) 선택한 단락의 내용을 보지 않고 중국어로 다시 말할 수 있도록 핵심어를 표시해보세요.
3) 핵심어는 적을수록 좋습니다. 내용의 흐름을 쉽게 연상시키는 부분만을 표기합니다.
4) 핵심어는 굳이 한자로 쓸 필요는 없고, 간략하게 한글이나 자신만이 아는 기호로 적어도 좋습니다.

2단락

有人说, 没有其他国家像中国对轿车这么狂热。在中国, 汽车牌照几乎和轿车一样成了社会地位的象征。对迷信的人来说, 8与"发"读音相近, 则意味好运, 这就不难理解为什么那么多人去竞争数字了。

핵심어를 선택하여 표시해보세요[2]:

02. 다시 말하기(重述)

1) 본인이 선택한 핵심어를 이용하여 선택한 단락을 중국어로 다시 말해보세요.
2) 암기가 아닙니다. 표현은 다소 달라도 무방하나, 숫자 고유명사 인명 등은 똑같아야 합니다.
3) 다시 말할 때 본인의 음성을 녹음 후 확인하세요.
4) 동일한 방법으로 다른 단락도 연습해보세요.

4-2. 韩国驻华大使演讲

통역준비

텍스트 ( ) 넣기 04-03.mp3

음성을 들으며 빈칸에 들어갈 단어를 적어 보세요.

<韩国驻华大使演讲>[3]
韩中两国在(①______)建交之前，中国人对韩国不可能(②______)了解。那么(③______)十几年后的今年，大多数中国人现在一(④______)韩国，马上会想到首尔奥运会、(⑤______)、世界杯、啦啦队(⑥______)的红色海洋。但是，不可(⑦______)的是在一些中国人看来，韩国只是中国(⑧______)的一个小国。这些(⑨______)韩国的想法并没有(⑩______)。与中国的国土和(⑪______)，韩国(⑫______)是小国。但是，借用韩国的一句(⑬______)"辣椒虽小，辣人心"。韩国的(⑭______)已居世界(⑮______)。我希望中国朋友们多多了解韩国，抛弃(⑯______)，以与时俱进的眼光(⑰______)韩国。 (来源:韩国驻华大使馆网站- 金夏中 전 주중 한국대사 연설)

용어정리 04-04.mp3

각 열을 손으로 가리고 그에 대응하는 중국어(또는 한국어) 표현을 생각해 보고 연습하면 좋습니다.

외교관계를 수립하다	建交 jiànjiāo
서울올림픽	首尔奥运会Shǒuěr àoyùnhuì
금융위기	金融危机jīnróngwēijī
월드컵	世界杯Shìjièbēi
응원단	啦啦队lālāduì
철저히 변하다	彻底改变chèdǐ gǎibiàn
서로 비교하다	相比xiāngbǐ
확실히, 정말	的确díquè
빌려 쓰다	借用jièyòng
속담	俗语súyǔ
작은 고추가 더 맵다	"辣椒虽小, 辣人心"làjiāo suī xiǎo, là rénxīn
국민총생산 (GNP, Gross National Product).	国民生产总值 guómín shēngchǎn zǒngzhí
내버리다 포기하다	抛弃pāoqì
시대와 함께 나아가다	与时俱进yǔshíjùjìn
~로 대하다 취급하다	看待kàndài

통역실습

1) 먼저 1단락부터 3단락까지 전체 단락을 소리 내어 읽으며 대략적인 뜻을 파악합니다.
2) 그 뒤 각 단락별로 문장구역을 합니다. 개별 단어에 집착하기 보다 상대방에게 내용을 옮기듯 자연스럽게 통역합니다.
3) 예시답안은 통역연습에서 확인할 수 있습니다.

단락별 실습

01. 1단락 텍스트 읽기

韩中两国在1992年建交之前，中国人对韩国不可能全面地了解。那么建交十几年后的今年，大多数中国人现在一提起韩国，马上会想到首尔奥运会、金融危机、世界杯、啦啦队组成的红色海洋。

Hán Zhōng liǎngguó zài yī jiǔ jiǔ èr nián jiànjiāo zhī qián, Zhōngguórén duì Hánguó bù kěnéng quánmiàn de liǎojiě。Nàme jiànjiāo shí jǐ nián hòu de jīnnián, dàduōshù Zhōngguórén xiànzài yì tíqǐ Hánguó, mǎshàng huì xiǎngdào Shǒuěr àoyùnhuì、jīnróngwēijī、shìjièbēi、lālāduì zǔchéng de hóngsè hǎiyáng。

02. 2단락 텍스트 읽기

但是，不可否认的是在一些中国人看来，韩国只是中国周边的一个小国。这些轻视韩国的想法并没有彻底改变。与中国的国土和人口相比，韩国的确是小国。

Dànshì, bùkě fǒurèn de shì zài yìxiē Zhōngguórén kànlái , Hánguó zhǐshì Zhōngguó zhōubiān de yī ge xiǎoguó。Zhèxiē qīngshì Hánguó de xiǎngfǎ bìng méiyǒu chèdǐ gǎibiàn。Yǔ Zhōngguó de guótǔ hé rénkǒu xiāngbǐ, Hánguó díquè shì xiǎoguó。

03. 3단락 텍스트 읽기

但是，借用韩国的一句俗语"辣椒虽小，辣人心"。韩国的国民生产总值已居世界第10位。我希望中国朋友们多多了解韩国，抛弃旧观念，以与时俱进的眼光看待韩国。

Dànshì, jièyòng Hánguó de yī jù súyǔ "Làjiāo suī xiǎo, là rénxīn"。Hánguó de guómín shēngchǎn zǒngzhí yǐ jū shìjiè dì shí wèi。Wǒ xīwàng Zhōngguó péngyoumen duōduō liǎojiě Hánguó, pāoqì jiù guānniàn, yǐ yǔshíjùjìn de yǎnguāng kàndài Hánguó。

04. 1, 2, 3단락 문장구역★★

문장구역을 연습하기 위해 텍스트 읽기를 한 것입니다. 문장구역은 본 단원의 핵심부분입으로 꼭 직접 실습해야 합니다. 위의 각 단락을 보면서 단락별로 문장구역을 해보세요.

설명

01. 大多数中国人一提起韩国，马上会想到啦啦队组成的红色海洋。

위 문장의 해석과 통번역을 비교해 볼까요?

〈비교〉

① 해석: 대다수의 중국인들은 한국을 언급하기만 하면 곧 응원단이 이루는 붉은 물결을 떠올릴 것입니다

② 통번역: 중국인들은 대개 한국 하면 붉은 악마를 떠 올릴 겁니다.

⇒ 중국어를 학습할 때는 ①번과 같은 자세한 해석도 필요합니다. 이를 통해 각 글자의 쓰임과 용법을 파악 할 수 있기 때문입니다. 다만, 현장에서 통번역을 할 때는 ②번과 같은 류의 간단명료한 표현이 더 좋습니다. 특히 ②번 류의 자연스러운 한국어를 보고 중국어로 통역하는 연습을 할 때 비로소 '啦啦队组成的红色海洋'에서 组成과 같은 동사에 유의하게 됩니다.

02. 붉은 악마는 红魔队(hóngmóduì)로도 표현합니다.

03. '작은고추가 맵다'의 다른 표현은?

① "辣椒辣，不在大"(고추가 매운 건, 크기에 있지 않다.)
Làjiāo là, bú zài dà

② "辣椒虽小辣人口，好话虽短暖人心。"
Làjiāo suī xiǎo là rénkǒu, hǎohuà suī duǎn nuǎn rénxīn 。

⇒ "고추는 작아도 입을 얼얼하게 하고, 짧아도 좋은 말은 마음을 따듯하게 한다"로 길게 쓰이기도 합니다.

③ "麻雀虽小，五脏俱全" (참새가 작긴해도 오장육부는 다 있다.)
Máquè suī xiǎo, wǔzàng jù quán

⇒ 즉 '작아도 있을 건 다 있다'는 표현으로 한국어의 "작은 고추가 맵다"에 해당되는 중국어 속담입니다.

04. 문장을 암기할 때는 단어만 외우지 않고, 동사를 붙여서 최소 단위의 문장 위주로 암기합니다.

예) 旧观念만 기억하기 보다는 → **抛弃**旧观念 등으로 암기합니다

응용실습

01. 핵심 내용 찾기

1) 전체 문단 중 이야기를 비교적 기억하기 쉬운 단락을 선택해보세요
2) 선택한 단락의 내용을 보지 않고 중국어로 다시 말할 수 있도록 핵심어를 표시해보세요.
3) 핵심어는 적을수록 좋습니다. 내용의 흐름을 쉽게 연상시키는 부분만을 표기합니다.
4) 핵심어는 굳이 한자로 쓸 필요는 없고, 간략하게 한글이나 자신만이 아는 기호로 적어도 좋습니다.

1단락

韩中两国在1992年建交之前，中国人对韩国不可能全面地了解。那么建交十几年后的今年，大多数中国人现在一提起韩国，马上会想到首尔奥运会、金融危机、世界杯、啦啦队组成的红色海洋。

핵심어를 선택하여 표시해보세요.[4]

02. 다시 말하기(重述)

1) 본인이 선택한 핵심어를 이용하여 선택한 단락을 중국어로 다시 말해보세요.
2) 암기가 아닙니다. 표현은 다소 달라도 무방하나, 숫자 고유명사 인명 등은 똑같아야 합니다.
3) 다시 말할 때 본인의 음성을 녹음 후 확인하세요
4) 동일한 방법으로 다른 단락도 연습해보세요.

통역연습

01 예시답안 활용연습

다음 연습방법 중 최소 1가지 방법을 선택하여 연습하며 녹음한 뒤 예시답안과 비교해 보세요.

1) 중중 세도잉: 중국어 텍스트를 가리고 중국어 음성을 들으며 중국어로 세도윙 연습을 해보세요.
2) 중한통역: 예시답안 전체를 가리고 중국어 음성을 들으며 한국어로 통역하여 녹음 후 비교해 보세요.
3) 한중통역: 한국어 예시답안을 보며 중국어로 문장구역을 해보세요.

04-05.mp3

텍스트 4-1	예시답안
数字在中国一直扮演着第二语言的角色。在广州一个拍卖会上， 某一个中国人花了5.4万元买一个车牌号。他的出价还不是最高的。最贵的一个车牌号AC6688要价8万元。有人说， 没有其他国家像中国对轿车这么狂热。在中国，汽车牌照几乎和轿车一样成了社会地位的象征。对迷信的人来说，8与“发”读音相近，则意味好运，这就不难理解为什么那么多人去竞争数字了。也是为了炫耀财富， 企业家争着花大钱买幸运号码。据说， 一家地方航空公司甚至出价240万元购买了88888888电话号码。	숫자는 중국에서 줄곧 제2언어의 역할을 하고 있습니다. 광저우(廣州)의 한 경매에서 어느 중국인은 54000위안이나 들여 차번호를 사들였는데, 그래도 이 가격이 최고가는 아니었습니다. 제일 비싼 차번호는 AC6688로 8만 위안이나 불렀습니다. 누군가 중국만치 자가용에 열광하는 나라는 없다고 했는데, 중국에서 자동차 번호판은 자가용처럼 거의 사회적 지위를 상징하게 되었습니다. 미신을 믿는 사람들한테 8은 “부자된다는 發”과 발음이 비슷해서 재수 좋은 것을 의미하니, 왜 그렇게 숫자 갖고 경쟁들을 하는지 쉽게 이해할 수 있습니다. 또한 사업하는 이들은 부를 과시하느라 거금을 들여 행운의 숫자를 사들이는데, 한 지방항공사는 호가(呼價) 240만 위안이나 하는 88888888의 전화번호를 사들였다고 합니다..

04-06.mp3

텍스트 4-2	예시답안
韩中两国在1992年建交之前，中国人对韩国不可能全面地了解。那么建交十几年后的今年， 大多数中国人现在一提起韩国，马上会想到首尔奥运会、金融危机、世界杯、啦啦队组成的红色海洋。但是， 不可否认的是在一些中国人看来， 韩国只是中国周边的一个小国。这些轻视韩国的想法并没有彻底改变。与中国的国土和人口相比， 韩国的确是小国。但是，借用韩国的一句俗语“辣椒虽小，辣人心”。韩国的国民生产总值已居世界第10位。我希望中国朋友们多多了解韩国， 抛弃旧观念，以与时俱进的眼光看待韩国。	1992년에 한중 양국이 수교하기 이전에는, 중국인들은 한국을 폭넓게 이해하지는 못했습니다. 이제 수교 후 십여 년이 지난 올해, 대부분 중국인들은 한국 하면 서울올림픽· 금융위기· 월드컵· 붉은 물결의 응원단(붉은악마) 등을 떠올릴 것입니다. 그러나, 부인할 수 없는 점은 일부 중국인들이 한국을 중국의 주변국으로만 여기고 있다는 것입니다. 한국을 무시하는 이런 생각들은 뿌리 뽑히지 않고 있습니다. 중국의 인구나 땅에 비하면 한국은 확실히 작은 나라입니다. 그러나, 한국 속담에 “작은 고추가 더 맵다”라는 말이 있습니다. 한국의 국민총생산은 이미 세계 10위입니다. 저는 중국 분들이 고정된 관념을 버리고, 시대에 걸 맞는 새로운 시각으로 한국을 바라보기를 바랍니다.

02. 한중 통역 04-07.mp3

한국어를 듣고 중국어로 통역해보세요

1.

2.

3.

4.

5.

6.

7.

8.

9.

10.

03 각 문항의 음성을 잘 듣고 알맞은 통역을 선택하세요.

1. (　　　　)	① 숫자는 중국에서 제2언어의 역할을 한다. ② 숫자는 제2언어의 역할을 한다.
2. (　　　　)	① 다른 나라도 중국만치 승용차에 열광한다. ② 중국만치 승용차에 열광하는 나라는 없다.
3. (　　　　)	① 국민총생산은 이미 세계 11위를 차지했다. ② 국민총생산은 이미 세계 10위를 차지했다.
4. (　　　　)	① 한국을 무시하는 중국인들의 생각이 싹 바뀌지 않았다. ② 한국을 무시하는 중국인들의 생각이 싹 바뀌었다.

쉬어가기

[조선시대의 통역사와 중국어 학습 교재]

조선시대에도 현재의 통역사나 외교관 급에 해당하는 통역관들이 있었습니다. 그 당시의 중국어교재와 자격시험에 대해 알아볼까요?

· 조선시대의통역관: 역관(譯官)이라부름
· 조선시대외국어 전문 교육기관: 사역원(司譯院)
→ 현재의 통번역 대학원과 유사한 기능
· 사역원(司譯院)의 교육 언어: 4대외국어 (중국어, 몽고어, 만주어, 일본어)
그 중 제1외국어는 중국어로 사역원 중에서도 중국어 교육을 담당하는 한학청(漢學廳)의 규모가 가장 컸음.
· 사역원(司譯院)의 교육 과목: 회화, 강서(講書 =강독에 해당), 寫字(=쓰기), 번역
→ 현재의 speaking, reading, writing, interpretation(translation)
· 사역원입학자격: 추천 후 심사통과자
· 중국어역관이 되려면? : 사역원에서 수련 후(매달 2일, 26일 시험; 현재의중간고사 기말고사에 해당하는 원시(院試)를 봄) 3년에 한번 열리는 잡과(雜科)의역과(譯科)에 응시하여 초시(初試)와 복시(覆試)에 모두 통과해야 역관이 될 수 있었음.
· 중국어주요 회화 교재: 노걸대(老乞大), 박통사(朴通事)

『노걸대 (老乞大)』

조선 전기의 중국어 학습서. 저자·연대는 미상. 고려 상인이 말과 인삼 모시 삼베 등 고려 특산물을 연경(燕京)(현재의 北京)에 가서 팔고, 그곳특산물을 사서 귀국할 때까지 벌어지는 여러 상황을 당시 중국어 구어체로 기록했으니 당시의 비즈니스 중국어 교재라 할 수 있습니다.

『노걸대』는 『박통사(朴通事)』와 함께 통역사(譯官) 양성을위해 고려 말부터 조선조까지 외국어 교육기관이었던 통문관(通文館), 사역원(司譯院)에서 사용했던 중국어 회화교재입니다. '노걸대(老乞大)'는조선시대에 이름을 모르는 중국인을 부르던 호칭입니다 즉, 'Hello, Mr. Chinese(喂, 中国先生)'에 해당하는 말이라 하겠습니다.

『박통사(朴通事)』

역시 '노걸대'와 같이 고려 말부터 사용되던 중국어 학습서로, 중국인의 생활풍습과 제도 등에 관한 문답을 주 내용으로 하고 있습니다. 통사는 역관의 직책을 말하니, '박씨성을 가진 역관'이라는 뜻입니다. 『노걸대』가 상인의 무역활동을 주제로 하는 '비즈니스 회화'에 가깝다면 『박통사』는 중국인의 일상생활에 관한 것이 대부분입니다. 특히 『노걸대』보다 고급 단계의 언어를 다루고 있어서 중국어와 우리말의 생생한 모습과 함께 풍속 및 문물제도까지 접할 수 있는 귀중한 자료입니다.

[1] 정답

1) 第二语言　2) 花了5.4万　3) 出价　4) 车牌号　5) 6688　6) 没有其他国家
7) 汽车　8) 象征　9) 迷信　10) 读音　11) 意味　12) 理解
13) 竞争数字　14) 企业家　15) 幸运号码　16) 航空公司　17) 240万

[2] 핵심어 예

열광 / 번호판 =상징, 미신/8 의미../ 이해 x , ? 경쟁

[3] 정답

1) 1992年　2) 全面地　3) 建交　4) 提起　5) 金融危机
6) 组成　7) 否认　8) 周边　9) 轻视　10) 彻底改变
11) 人口相比　12) 的确　13) 俗语　14) 国民生产总值　15) 第10位
16) 旧观念　17) 看待

[4] 핵심어 예

1992, x / 금년, 제기~(올, 위기, w, 응)

핵심어 풀이(x 는 이해를못함을 의미) / 올(올림픽)위기(금융위기), w(world cup), 응(응원단)

제5과

중한문장구역 (정치 경제)

학습목표

◎ 정치 경제를 주제로 관련 텍스트를 눈으로 읽으며 통역하는 문장구역 실습

▶ 5-1 中国国家主席胡锦涛在韩国国会演讲文
후진타오 중국 국가주석 한국국회 연설

▶ 5-2 海尔集团CEO讲话 하이얼 그룹 CEO 연설

◎ 텍스트 핵심내용 찾기

◎ 핵심내용을 이용하여 중국어로 다시 말하기

통역 발화 과정

우리의 머릿속에서 통역은 어떤 과정을 통해서 이루어질까요?

1) 1단계: 이해

우선 듣거나 본 내용을 제대로 이해하는 것이 가장 기본입니다. 텍스트를 제대로 이해해야 하는 점은 강독이나 독해도 마찬가지이나, 통역은 이해에서 그치는 것이 아니고 들은 것을 기억하고 제2의 언어로 다시 말해야하는 점에서 강독이나 독해와는 다릅니다.

2) 2단계: 기억

이해한 내용을 통역사 자신의 머릿속에 확실히 기억해야 합니다. 이 기억은 암기와는 다릅니다. 암기는 한 글자도 틀리지 않고 그대로 외우는 것이나, 기억은 흔히 수다 떨 때 남에게 들은 내용을 거짓 없이 옮기는 것과 같이 통역사의 머릿속에 그 내용을 입력하는 것입니다. 독해는 잘하는데 회화를 못하는 건 암기가 부족해서 그런 것이고, 다 알아 듣고도 통역을 제대로 못하는 것은 기억이 부족한 탓입니다.

3) 3단계: 다시 말하기(重述)

머릿속에 기억된 내용을 통역사 자신의 용어로 다시 말하여 제3자에게 대화하듯 자연스럽게 옮겨야 합니다. 회화는 본인의 생각을 직접 얘기하는 것이나, 통역은 타인의 말을 직접화법으로 대신 전달하는 것입니다.

5-1. 中国国家主席胡锦涛在韩国国会演讲文

통역준비

텍스트 ( ) 넣기 05-01.mp3

음성을 들으며 빈칸에 들어갈 단어를 적어 보세요.

<中国国家主席胡锦涛在韩国国会演讲>[1]
女士们，先生们: 今天，有机会来到大韩民国国会，并(①______)各位议员(②______)，我感到十分高兴。借此机会，我愿向(③______)各位议员，并向韩国人民，(④______)中国人民的(⑤______)。中韩两国是隔海相望的(⑥______)，也是(⑦______)的友邦。在中韩友好的(⑧______)中，两国人民(⑨______)相互学习，共同(⑩______)了灿烂的(⑪______)。如今，中韩关系已(⑫______)历史上的最好时期。中韩关系能够(⑬______)今天这样的大好局面，是两国政府和人民共同努力的结果。在这里，我要向长期 (⑭______)中韩友好合作的两国各界人士表示(⑮______)和衷心的感谢! (来源:同上，《加强友好合作，共创美好未来》)

용어정리 05-02.mp3

각 열을 손으로 가리고 그에 대응하는 중국어(또는 한국어) 표현을 생각해 보고 연습하면 좋습니다.

진심 어린 축복을 전달하다	转达真诚祝福 zhuǎndá zhēnchéng zhùfú
바다를 사이에 두고 서로 바라보다	隔海相望 géhǎi xiāngwàng
가까운 이웃	近邻jìnlín
오랜(장기간) 역사	长期历史chángqī lìshǐ
시종, 한결같이	始终shǐzhōng
함께 창조하다	共同创造gòngtóng chuàngzào
찬란하다	灿烂cànlàn
오늘날 (现在의 다른 표현)~	如今rújīn
~한 시기로 접어들다	步入~时期bùrù~shíqī
할 수 있다	能够nénggòu
~한 국면(상황)을 맞이하다	迎来~局面yínglái~ júmiàn
장기간 ~에 주력하다	长期致力于chángqī zhìlì yú
각계인사	各界人士gèjiè rénshì
숭고한 경의	崇高的敬意chónggāo de jìngyì
충심 어린 감사	衷心的感谢zhōngxīn de gǎnxiè

통역실습

1) 먼저 1단락부터 3단락까지 전체 단락을 소리 내어 읽으며 대략적인 뜻을 파악합니다.
2) 그 뒤 각 단락별로 문장구역을 합니다. 개별 단어에 집착하기 보다 상대방에게 내용을 옮기듯 자연스럽게 통역합니다.
3) 예시답안은 통역연습에서 확인할 수 있습니다.

단락별 실습

01. 1단락 텍스트 읽기

女士们, 先生们:
今天有机会来到大韩民国国会, 并同各位议员见面, 我感到十分高兴。借此机会, 我愿向在座的各位议员, 并向韩国人民, 转达中国人民的真诚祝福。
Nǚshìmen, xiānshēngmen :
Jīntiān yǒu jīhuì lái dào Dàhánmínguó guóhuì, bìng tóng gèwèi yìyuán jiànmiàn, wǒ gǎndào shífēn gāoxìng。Jiè cǐ jīhuì, wǒ yuàn xiàng zài zuò de gèwèi yìyuán, bìng xiàng Hánguó rénmín, zhuǎndá Zhōngguó rénmín de zhēnchéng zhùfú。

02. 2단락 텍스트 읽기

中韩两国是隔海相望的近邻, 也是关系密切的友邦。在中韩友好的长期历史中, 两国人民始终相互学习, 共同创造了灿烂的东方文明。如今, 中韩关系已步入历史上的最好时期。
Zhōng Hán liǎng guó shì géhǎixiàngwàng de jìnlín, yě shì guānxi mìqiē de yǒubāng。Zài Zhōng Hán yǒuhǎo de chángqī lìshǐ zhōng, liǎng guó rénmín shǐzhōng xiānghù xuéxí, gòngtóng chuàngzào le cànlàn de dōngfāng wénmíng。Rújīn, Zhōng Hán guānxi yǐ bùrù lìshǐ shàng de zuìhǎo shíqī。

03. 3단락 텍스트 읽기

中韩关系能够迎来今天这样的大好局面, 是两国政府和人民共同努力的结果。在这里, 我要向长期致力于中韩友好合作的两国各界人士表示崇高的敬意和衷心的感谢!
Zhōng Hán guānxi nénggòu yínglái jīntiān zhèyàng de dà hǎo júmiàn, shì liǎng guó zhèngfǔ hé rénmín gòngtóng nǔlì de jiéguǒ。Zài zhèlǐ, wǒ yào xiàng chángqī zhìlì yú Zhōng Hán yǒuhǎo hézuò de liǎng guó gèjiè rénshì biǎoshì chónggāo de jìngyì hé zhōngxīn de gǎnxiè!

04. 1, 2, 3단락 문장구역★★

문장구역을 연습하기 위해 텍스트 읽기를 한 것입니다. 문장구역은 본 단원의 핵심부분입으로 꼭 직접 실습해야 합니다. 위의 각 단락을 보면서 단락별로 문장구역을 해보세요.

설명

01. 女士们，先生们 신사 숙녀 여러분

한국어에선 '신사'를 먼저 언급하나, 중국어는 영어의 'Ladies &Gentlemen'처럼 '숙녀'를 먼저 언급합니다. 사소한 언어 습관 차이에도 주의를 기울이는 것이 좋습니다. 연설 첫 시작에 회의참석자들을 호칭하는 표현 형식은 유사하므로 대상을 바꾸어 연습합니다.

예) 의장님, 대표 여러분 主席先生，各位代表
존경하는 김OO 원장님, 박OO 차관님 尊敬的金OO院长，尊敬的朴OO次官
존경하는 총장님, 그리고 학생 여러분 尊敬的校长，各位同学
내빈 여러분, 그리고 신사숙녀 여러분 各位来宾，各位女士，各位先生

02. 今天，有机会来到OO，并同OO见面，我感到十分高兴。

장소와 대상을 바꾸면 첫 시작어로 손색없는 표현이 됩니다.

예) 오늘 '중한 협력센터' 개소식에 참석하여 '여러 위원님들'을 뵙게 되어 무한히 기쁩니다.
今天，有机会出席'中韩合作中心'成立典礼，并同'各位委员'见面，我感到十分高兴。
오늘 한국의 고도 경주에서 열리는 '중한 국제 심포지엄'에참석하여 '참석자 여러분'을 뵙게 되어 정말 무한한 기쁨으로 생각합니다.
今天，有机会来到韩国名胜古都庆州参加'中韩国际研讨会'，并同'各位与会人士'见面，我感到十分高兴。

03. 我要向OO表示崇高的敬意和衷心的感谢!

대상과 대상 앞에 붙는 수식을 바꾸어 감사를 표시하는 표현을 다양하게 연습합니다.

예) 중화인민공화국정부를 대표하여 '주최측'에 진심으로 감사드립니다.
我谨代表中华人民共和国向'主办单位'表示衷心的感谢。
이 자리에 계신 '여러분'은 중국에 투자하고 계신한국 상공업계의 대표로 심심한 감사와 경의를 표하고자 합니다.
在座的各位是在中国有投资的韩国工商界人士。请允许我向各位表示崇高的敬意和衷心的感谢。

한국어 문장의 수식어가 길 경우에 중국어는 위와 같이 두 개 문장으로 분리하면 한결 간단명료한 통역이 됩니다.

응용실습

01. 핵심 내용 찾기

1) 전체 문단 중 이야기를 비교적 기억하기 쉬운 단락을 선택해보세요
2) 선택한 단락의 내용을 보지 않고 중국어로 다시 말할 수 있도록 핵심어를 표시해보세요.
3) 핵심어는 적을수록 좋습니다. 내용의 흐름을 쉽게 연상시키는 부분만을 표기합니다.
4) 핵심어는 굳이 한자로 쓸 필요는 없고, 간략하게 한글이나 자신만이 아는 기호로 적어도 좋습니다.

1단락

女士们, 先生们:

今天, 有机会来到大韩民国国会, 并同各位议员见面, 我感到十分高兴。借此机会, 我愿向在座的各位议员, 并向韩国人民, 转达中国人民的真诚祝福。

핵심어를 선택하여 표시해보세요[2]:

02. 다시 말하기(重述)

1) 본인이 선택한 핵심어를 이용하여 선택한 단락을 중국어로 다시 말해보세요.
2) 암기가 아닙니다. 표현은 다소 달라도 무방하나, 숫자 고유명사 인명 등은 똑같아야 합니다.
3) 다시 말할 때 본인의 음성을 녹음 후 확인하세요.
4) 동일한 방법으로 다른 단락도 연습해보세요.

5-2. 海尔集团CEO讲话

통역준비

텍스트 ( ) 넣기 05-03.mp3

음성을 들으며 빈칸에 들어갈 단어를 적어 보세요.

<海尔集团CEO讲话>[3]
在80年代，中国的(①______)是一个高速爆炸式的(②______)。那时中国的(③______)市场几乎一片(④______)，只要生产电器一定会(⑤______)，所以那时候很多工厂(⑥______)规模。我们当时生产的(⑦______)就供不应求。但(⑧______)在这种情况下，我们(⑨______)没有(⑩______)产量，而是(⑪______)抓质量。当时(⑫______)认为冰箱有点(⑬______)无所谓，干出来就(⑭______)，所以就(⑮______)。我们就把一些可以(⑯______)，但是(⑰______)的产品集中在一起，谁干的，(⑱______)谁来把它砸毁。这样一来，对员工的(⑲______)有了强(⑳______)，到1988年我们就成为中国冰箱(㉑______)的第一名。 (来源:海尔集团CEO张瑞敏在日本"亚洲的未来论坛"上的讲话)

용어정리 05-04.mp3

각 열을 손으로 가리고 그에 대응하는 중국어(또는 한국어) 표현을 생각해 보고 연습하면 좋습니다.

가전제품	家电(=家用电器) jiādiàn
터지다 폭발하다	爆炸 bàozhà
~하기만 하면 틀림없이	只要~一定 zhǐyào~yídìng
목숨을 내걸다/ 필사적으로 하다	拼命 pīnmìng
냉장고	冰箱 bīngxiāng
수요초과	供不应求 gōngbùyìngqiú
설혹~일지라도	即使~也 jíshǐ~yě
품질을 유지하다	抓质量 zhuā zhìliàng
직공 직원	员工 yuángōng
(기계)고장 (업무상)실수	毛病 máobìng
만들어내다	干出来 gànchūlái
소홀하다/ 대충하다	马马虎虎 mǎmǎhūhū
(공장에서) 출하되다	出厂 chūchǎng
(때려)부수다	砸毁 záhuǐ
비교해서 평가하다.	评比 píngbǐ

통역실습

1) 먼저 1단락부터 3단락까지 전체 단락을 소리 내어 읽으며 대략적인 뜻을 파악합니다.
2) 그 뒤 각 단락별로 문장구역을 합니다. 개별 단어에 집착하기보다 상대방에게 내용을 옮기듯 자연스럽게 통역합니다.
3) 예시답안은 통역연습에서 확인할 수 있습니다.

단락별 실습

01. 1단락 텍스트 읽기

在80年代，中国的家电市场是一个高速爆炸式的增长时代。那时中国的家用电器市场几乎一片空白，只要生产电器一定会卖出去，所以那时候很多工厂拼命扩大规模。

Zài 80 niándài, Zhōngguó de jiādiàn shìchǎng shì yī gè gāosù bàozhàshì de zēngzhǎng shídài。Nàshí Zhōngguó de jiāyòng diànqì shìchǎng jīhū yī piàn kòngbái, zhǐyào shēngchǎn diànqì yīdìng huì màichūqù, suǒyǐ nà shíhou hěn duō gōngchǎng pīnmìng kuòdà guīmó。

02. 2단락 텍스트 읽기

我们当时生产的冰箱就供不应求。但即使在这种情况下，我们也没有盲目扩大产量，而是坚持抓质量。当时员工认为冰箱有点小毛病无所谓，干出来就有人要，所以就马马虎虎。

Wǒmen dāngshí shēngchǎn de bīngxiāng jiù gōngbúyìngqiú。Dàn jíshǐ zài zhèzhǒng qíngkuàng xià, wǒmen yě méiyǒu mángmù kuòdà chǎnliàng, érshì jiānchí zhuā zhìliàng。Dāngshí yuángōng rènwéi bīngxiāng yǒudiǎn xiǎo máobìng wúsuǒwèi, gànchūlái jiù yǒurén yào, suǒyǐ jiù mǎmǎhūhū。

03. 3단락 텍스트 읽기

我们就把一些可以出厂，但是有质量缺陷的产品集中在一起，谁干的，由谁来把它砸毁。这样一来，对员工的质量意识有了强烈的刺激，到1988年我们就成为中国冰箱评比的第一名。

Wǒmen jiù bǎ yīxiē kěyǐ chūchǎng, dànshì yǒu zhìliàng quēxiàn de chǎnpǐn jízhōng zài yīqǐ, shéi gàn de, yóu shéi lái bǎ tā záhuǐ。Zhèyàng yīlái, duì yuángōng de zhìliàng yìshí yǒu le qiángliè de cìjī, dào 1988 nián wǒmen jiù chéngwéi Zhōngguó bīngxiāng píngbǐ de dìyīmíng。

04. 1, 2, 3단락 문장구역★★

문장구역을 연습하기 위해 텍스트 읽기를 한 것입니다. 문장구역은 본 단원의 핵심부분입으로 꼭 직접 실습해야 합니다. 위의 각 단락을 보면서 단락별로 문장구역을 해보세요.

설명

01. 아는 표현을 200% 활용한다

통역을 할 때는 자신이 알고 있는 표현을 최대한 활용하여 순발력 있게 통역하는 것이 중요합니다. 특히 한→중 통역의 경우 본인이 기존에 알고 있는 중국어 표현을 잘 활용하면 속도감 있는 통역이 가능해집니다. 그러기 위해서는 중국어에 대응되는 한국어 표현을 다양하게 응용하는 연습이 필요합니다.

예) 那时OO市场几乎一片空白。그 당시 OO시장은 거의공백상태였다.

당시(컴퓨터)시장은 미개척 상태였다. 당시(자동차)시장은 뻥 뚫려 있었다. 당시(핸드폰)시장은 블루오션이었다.	⇒ 那时	(电脑) (汽车) (手机)	市场几乎一片空白。

위에서 보듯이 한국어의 다양한 표현에 1:1로 대응되는 중국어 표현(즉, 未开拓, 蓝海 등)을 모른다고 당황하지 말고 본인이 이미 알고 있던 표현 '几乎一片空白'를 순발력 있게 활용하는 센스가 필요합니다.

02. 통역은 현장분위기에 맞추어 용어를 선택한다

我们当时生产的冰箱就供不应求。

위 문장은 '당시 우리가생산하는 냉장고는 수요초과였습니다'라고 통역을 할 수도 있습니다. 다만 보다 구어적인 표현을 써서 '당시 저희 냉장고는 물건이 너무 딸렸습니다'와 같은 통역을 하면 한결 일상적인 대화를 나누는 느낌을 줄 수 있습니다. 통역은 그 분위기에 따라 사용하는 용어나 어투도 달리 하는 것이 바람직합니다. 供不应求와 반대로 공급초과는 供过于求 gōngguòyúqiú 로 표현합니다.

03. 의문대사 반복

전후 동일한 의문대사를 반복하여 동일한 사람·물건·방법 등을 표현합니다. 즉'谁 … 谁…', '怎么 …怎么…', '什么 …什么…'의 형태로 표현합니다.

예)

谁干的，由谁来把它砸毁。누가 했는지, 그걸 한 사람이 부수게 한다.

你怎么说，我就怎么做。말씀하시는 대로 하겠습니다.

你想吃什么，我就做什么。뭐든 먹고 싶은 대로 만들어 줄게

응용실습

01. 핵심 내용 찾기

1) 전체 문단 중 이야기를 비교적 기억하기 쉬운 단락을 선택해보세요
2) 선택한 단락의 내용을 보지 않고 중국어로 다시 말할 수 있도록 핵심어를 표시해보세요.
3) 핵심어는 적을수록 좋습니다. 내용의 흐름을 쉽게 연상시키는 부분만을 표기합니다.
4) 핵심어는 굳이 한자로 쓸 필요는 없고, 간략하게 한글이나 자신만이 아는 기호로 적어도 좋습니다.

2단락

我们当时生产的冰箱就供不应求。但即使在这种情况下，我们也没有盲目扩大产量，而是坚持抓质量。当时员工认为冰箱有点小毛病无所谓，干出来就有人要，所以就马马虎虎。

핵심어를 선택하여 표시해보세요.[4]

02. 다시 말하기(重述)

1) 본인이 선택한 핵심어를 이용하여 선택한 단락을 중국어로 다시 말해보세요.
2) 암기가 아닙니다. 표현은 다소 달라도 무방하나, 숫자 고유명사 인명 등은 똑같아야 합니다.
3) 다시 말할 때 본인의 음성을 녹음 후 확인하세요.
4) 동일한 방법으로 다른 단락도 연습해보세요.

통역연습

01 예시답안 활용연습

다음 연습방법 중 최소 1가지 방법을 선택하여 연습하며 녹음한 뒤 예시답안과 비교해 보세요.

1) 중중 셰도윙: 중국어 텍스트를 가리고 중국어 음성을 들으며 중국어로 셰도윙 연습을 해보세요.
2) 중한통역: 예시답안 전체를 가리고 중국어 음성을 들으며 한국어로 통역하여 녹음 후 비교해 보세요.
3) 한중통역: 한국어 예시답안을 보며 중국어로 문장구역을 해보세요.

05-05.mp3

텍스트 5-1	예시답안
女士们, 先生们: 今天, 有机会来到大韩民国国会, 并同各位议员见面, 我感到十分高兴。借此机会, 我愿向在座的各位议员, 并向韩国人民, 转达中国人民的真诚祝福。 中韩两国是隔海相望的近邻, 也是关系密切的友邦。在中韩友好的长期历史中, 两国人民始终相互学习, 共同创造了灿烂的东方文明。如今, 中韩关系已步入历史上的最好时期。中韩关系能够迎来今天这样的大好局面, 是两国政府和人民共同努力的结果。在这里, 我要向长期致力于中韩友好合作的两国各界人士表示崇高的敬意和衷心的感谢!	신사 숙녀 여러분 본인은 오늘 대한민국 국회에 와서 여러 의원님들을 뵙게 됨을 무척 기쁘게 생각합니다. 이번 기회를 통하여 저는 이 자리에 계신 여러 의원님들과 한국 국민들께 중국 국민들의 진심어린 축복을 전하고자 합니다. 중한 양국은 바다 건너 서로 바라보는 가까운 이웃이자 관계가 돈독한 우방입니다. 중한 양국의 우호적인 오랜 역사 속에 양국 국민은 언제나 서로 배우며 찬란한 동양문명을 함께 구축했습니다. 이제 중한 관계는 역사상 가장 좋은 시기로 이미 접어들었습니다. 중한 관계가 이처럼 좋은 국면을 맞이할 수 있는 것은 양국 정부와 국민이 공동으로 노력한 결과입니다. 이에 저는 중한 양국의 우호적인 협력을 위해 오랫동안 노력해오신 양국의 각계 인사들께 깊은 경의를 표하며 진심으로 감사 드리는 바입니다.

05-06.mp3

텍스트 5-2	예시답안
在80年代, 中国的家电市场是一个高速爆炸式的增长时代。那时中国的家用电器市场几乎一片空白, 只要生产电器一定会卖出去, 所以那时候很多工厂拼命扩大规模。我们当时生产的冰箱就供不应求。但即使在这种情况下, 我们也没有盲目扩大产量, 而是坚持抓质量。当时员工认为冰箱有点小毛病无所谓, 干出来就有人要, 所以就马马虎虎。我们就把一些可以出厂, 但是有质量缺陷的产品集中在一起, 谁干的, 由谁来把它砸毁。这样一来, 对员工的质量意识有了强烈的刺激, 到1988年我们就成为中国冰箱评比的第一名。	80년대는 중국 가전시장이 폭발적으로 성장하던 시기입니다. 그때 중국 가전제품 시장은 거의 공백상태라 만들어내기만 하면 무조건 팔려나가서, 당시 공장들은 죽어라고 규모를 늘렸습니다. 그 당시 저희 냉장고는 물건이 너무 딸리는 상황이었습니다. 그래도 저희는 생산량을 마구잡이로 늘리지 않고 품질에만 매달렸습니다. 당시 직원들은 냉장고를 만들어내기만 하면 팔려나가니까 결함이 좀 있어도 괜찮다고 대충 대충 했습니다. 이런 냉장고들을 팔 수도 있었지만, 우리는 품질에 결함이 있는 제품들은 한 곳에 모아놓고, 누가 만들었는지 만든 사람이 직접 부수게 했습니다. 이렇게 하다 보니 품질에 대한 직원들 의식이 강화되었고, 1988년에 중국냉장고 평가 제1위를 차지했습니다.

02. 한중 통역 05-07.mp3

한국어를 듣고 중국어로 통역해보세요

1.
2.
3.
4.
5.
6.
7.
8.
9.
10.

03 각 문항의 음성을 잘 듣고 알맞은통역을 선택하세요.

1. (　　　)	① 오늘 대한민국 국회에 오게 되어 무척 기쁩니다 ② 오늘 여러 의원님을 뵙게 되어 무척 기쁩니다.
2. (　　　)	① 양국 국민은 줄곧 서로 배운다. ② 양국 국민은 함께 찬란한 동양문명을 창조했다.
3. (　　　)	① 품질에 대한 의식에 강한 자극이 되었다. ② 품질에 대한 직원들 의식에 강한 자극이 되었다.
4. (　　　)	① 당시 냉장고 생산은 수요초과였다. ② 당시 냉장고 생산은 공급과잉이었다.

쉬어가기

[간첩혐의로 사형된 통역사]

통역을 하다 보면 어느 단체나 국가의 정상 자리에 있는 분들을 접하게 되는 경우가 있습니다. 작게는 중소 기업체 담당 직원부터 크게는 그룹 CEO, 더 나아가서는 국가 정상까지도 통역을 하는 기회가 생기기 마련입니다. 통역의 이점이랄까? 평소 나와는 상관없을 것 같은 분야의 통역을 하면서 즐겁게 새로운 경험을 하게 되기도 합니다. 내 돈 쓰고는 잘 가게 되지 않는 유명 호텔이나 흘고급 레스토랑 등을 밥 먹듯 출입하게 되고 평소 출입하기 쉽지 않은 제한된 공장 견학에 이르기까지 수행 통역을 하는 덕분에 같이 경험하게 됩니다. 그러나, 통역이 항상 재미만 있는 것은 아닙니다. 통역사는 내 맡은바 직분에서 벗어나는 일이 없도록 언행을 삼가 해야 합니다.또한 통역하며 들은 내용을 제3자에게 옮겨서도 안됩니다. 이에 어긋나는 행동으로 의심받게 됐을 때 그 결말을 보여주는 관련 기사가 눈길을 끌어서 잠시 소개합니다.

홍콩의 빈과일보(香港苹果日报: 苹果píngguǒ는 사과)에 소개된 '간첩혐의로 처형된 통역사'의 이야기를 간략하게 정리해보면:

장류청(張留成):

- 2005년 2006년 북중(北中) 정상회담 통역: 중국의 후진타오(胡錦濤) 국가주석과 북한 김정일 국방위원장관 정상회담 통역
- 출신 및 직책: 조선족, 중국 공산당 대외연락부 전 남북한 담당처장
- 사형이유: 두 정상이 나눈 기밀을 남한 당국에 누설한 혐의가 드러났다고 함.
  사형 일시 등은 언급하지 않음.

홍콩 빈과일보

"胡锦涛翻译当间谍处死" 기사

- 이후 한반도 관련 문제에서 중국은 조선족 통역 배제하기 시작함.

이에 앞서 2007년 2월에는 리빈(李濱) 전 주한 중국대사도 한국 정보기관에 기밀을 누설한 혐의로 체포돼 쌍규(雙規) 처분을 받은 바 있다 (쌍규 双规: 공산당 당규를 심각하게 위반한 당원을 구금상태에서 조사하며 당적과 현직을 박탈하는 것)

기밀 유지를 위해서 요즘은 기업체들도 프리랜서 보다는 자체 통역사를 많이 선발합니다. 소위 인하우스 통역사가 그런 예입니다.

[1] 정답

1) 同	2) 见面	3) 在座的	4) 转达	5) 真诚祝福
6) 近邻	7) 关系密切	8) 长期历史	9) 始终	10) 创造
11) 东方文明	12) 步入	13) 迎来	14) 致力于	15) 崇高的敬意

[2] 핵심어

전형적 인사말로 굳이 표기할 필요도 없으나, 예를 들면: 인사(국회, 의원) 기회 의원 K국민축복

[3] 정답

1) 家电市场	2) 增长时代	3) 家用电器	4) 空白	5) 卖出去	
6) 拼命扩大	7) 冰箱	8) 即使	9) 也	10) 盲目扩大	
11) 坚持	12) 员工	13) 小毛病	14) 有人要	15) 马马虎虎	
16) 出厂	17) 有质量缺陷	18) 由	19) 质量意识	20) 刺激	21) 评比

[4] 핵심어 예

공급×, 맹목×, 품질↑, 직원, ∵ ∴

3부 삼각대화 훈련

제6과

삼각대화 (일반)

학습목표

◎ 삼각대화(三角对话)를 통한 한중/ 중한 통역훈련

▶ 6-1 公众人物采访 스타 인터뷰

(한국인 기자와 중국 스타의 가상 인터뷰 통역)

▶ 6-2 面试 면접

(한국인 담당자와 중국인 면접자의 가상 면접 통역)

◎ 텍스트 핵심내용 찾기

◎ 핵심내용에 의거하여 중국어로 다시 말하기

삼각대화(三角对话)란?

삼각대화(Three-Cornered Dialogue Interpretation)는 통역현장에서 가장 많이 볼 수 있는 통역 형태로 일종의 대화통역(Dialogue Interpretation)입니다. 각기 1개 언어만을 구사하는 양측이 대화를 나눌 때 통역자가 2개 언어를 구사하여 양측의 의사를 쌍방향으로 전달하는 것입니다. 즉 양측이 나누는 짧은 대화를 기억에 의존하여 즉석에서 통역을 하는 것입니다. 예를 들어, 한국인과 중국인이 대화를 나누는 경우 통역자가 중간에서 한국어는 중국어로, 중국어는 한국어로 상대방에게 통역을 하는 것을 말합니다. (중한·한중 쌍방향 통역)

통역 훈련 단계

통역은 인문계의 기술직이라 할 수 있습니다. 언어실력이 뛰어나다 하더라도 통역 훈련을 받지 않은 이들은 전문통역을 제대로 할 수 없습니다. 통역은 끊임없는 훈련을 통하여 이룰 수 있는 기술입니다. 누구나 공은 찰 수 있지만 누구나 다 뛰어난 축구선수가 될 수 없듯이 처음에는 단순한 훈련부터 시작해서 점차 종합적으로 기술을 훈련해야 합니다. 각 단계별 훈련 방식과 효과를 정리해보면 다음과 같습니다.

종류	방식	효과	언어
듣고 따라하기 셰도윙	듣기 집중	발음 속도 어조 · 집중력	중중 / 한한
문장구역	보기	순발력 · 표현력	중한 / 한중
삼각대화	듣기 집중	순발력 · 표현력 · 단기 기억력 증진	중한 / 한중
노트테이킹을 병행하는 순차통역	듣기 집중과 분석	순발력 · 표현력 · 장기 기억력증진 · 노트테이킹	중한/ 한중
동시통역	듣기에 집중하며 동시에 통역	순발력 · 표현력 · 단기 기억력 · 고도의 집중력	중한/ 한중

이중 통역의 꽃이라 할 수 있는 동시통역은 셰도윙과 같은 방식이나, 셰도윙이 동일언어로 따라서 연습하는 것과는 달리(중중· 한한 셰도윙), 동시통역은 출발어를 계속 들으면서 목표어로 계속 통역하는 것이기에(중한·한중) 대단한 집중력과 표현력을 요하는 고도의 작업입니다.

6-1. 公众人物采访

통역준비

텍스트 ( ) 넣기 06-01.mp3

음성을 들으며 빈칸에 들어갈 단어를 적어 보세요.

<公众人物(①____)>[1]
K: 한창 여름인데, 공인(公人)으로써 여름휴가를 보내는 방법들 좀 소개 좀 해 주시겠습니까?
C: 天热的时候，我喜欢在家里(②_______)，(③_______)，睡睡觉，或者是在家里(④_______)。
C: 还有一个最重要的，就是要看一部很好看的电影。
K: "얻는 게 많으면, 잃는 것도 많다"는 말이 있는데요, 본인도 이런 걸 느껴본 적이 있습니까?
C: 我(⑤_______)之后，可能会有很多人(⑥_______)我，这是我得到的一些东西。
C: (⑦_______)东西就是没有了自己的时间，和(⑧_______)、朋友在一块儿的时间也越来越少。
K: 하지만, 지금 좋아하시는 일을 하고 있는 걸로 보여서, 무척 행복한 분이라 생각돼요.

용어정리 06-02.mp3

각 열을 손으로 가리고 그에 대응하는 중국어(또는 한국어) 표현을 생각해 보고 연습하면 좋습니다.

취재하다, 인터뷰	采访 cǎifǎng
마침~때이다	正值 zhèngzhí
~공인(公人)으로써	作为公众人物 ~ zuòwéi gōngzhòngrénwù
여름 휴가(방학)를 보내다	过暑假 guò shǔjià
찬물로 샤워하다	冲凉 chōngliáng
에어컨을 쐬다	吹空调 chuī kōngtiáo
팥빙수	红豆冰 hóngdòubīng
~할수록 더~하다	越~越~ yuè~yuè~
얻다	得到 dédào
잃다	失去 shīqù
체험하여 느끼다	体会 tǐhuì
이름을 날리다	出名 chūmíng
관심을 가지다	关注 guānzhù
가족 친지와 함께	和亲人(在)一块儿 hé qīnrén zài yíkuàir

통역실습

1) 텍스트 읽기는 하지 않고 직접 문장구역부터 합니다.
2) 먼저 1단락부터 3단락까지 전체 단락의 문장구역을 합니다.
3) 그 뒤 각 단락별로 대화통역을 합니다. 학습자의 수준에 따라 문장구역을 생략하고 직접대화 통역을 해도 좋습니다.
4) 대화 통역을 할 때는 본문을 보지 않고 녹음을 들으며 통역하세요.
5) 예시답안은 통역연습에서 확인할 수 있습니다.

단락별 실습

01. 1단락 문장구역

K: 한창 여름인데, 공인(公人)으로써 여름휴가를 보내는 방법들 좀 소개 좀 해 주시겠습니까? (참고: 正值/ 公众人物)

C: 天热的时候，我喜欢在家里冲冲凉，吹吹空调，睡睡觉，或者是在家里吃吃红豆冰。

02. 2단락 문장구역

C: 还有一个最重要的，就是要看一部很好看的电影。

K: "얻는 게 많으면, 잃는 것도 많다"는 말이 있는데요, 본인도 이런 걸 느껴 본 적이 있습니까? (참고: 得到/ 失去/ 体会)

03. 3단락 문장구역

C: 我出名之后，可能会有很多人关注我，这是我得到的一些东西。

C: 失去的东西就是没有了自己的时间，和亲人、朋友在一块儿的时间也越来越少。

K: 하지만, 지금 좋아하시는 일을 하고 있는 걸로 보여서, 무척 행복한 분이라 생각돼요.

04. 1, 2, 3단락 대화통역★★ 06-03.mp3

대화통역을 연습하기 위해 문장구역을 한 것입니다. 대화통역은 본 단원의 핵심부분으로 꼭 직접 실습해야 합니다. **텍스트 음성을 들으며** 한국인과 중국인의 대화를 각 단락별로 통역해보세요.

설명

01. 正值: 正到什么时候, 한창 어떤 시기임을 언급할 때 쓰이는 표현입니다.

예) 我的孩子正值青春期, 情绪波动很大。(*青春期 qīngchūnqī 사춘기)
우리 아이는 이제 한창사춘기라 감정 기복이 심합니다.

02. 公众人物는 연예 스포츠계 스타 또는 정계 재계의 유명인사를 지칭합니다.

예) 一旦成为公众人物, 就失去了隐私权。(*隐私权 yǐnsīquán 프라이버시 권리)
일단 공인이 되면 사생활은 없게 됩니다.

03. 冲冲凉, 吹吹空调, 睡睡觉

중국어의 일부 동사는 중첩을 할 수 있습니다. 같은 동사를 반복해서 쓰는 경우엔 보다 부드럽고 가벼운 어감을 나타냅니다. '한번 ~좀 해 본다' '한번 ~좀 해 보라' 등과 같은 시도 부탁 짧은 시간의 동작을 주로 표현합니다. 단음절 동사의 경우에는 AA형태로, 이음절 동사의 경우에는 ABAB형태로 중첩합니다.

예) 看看, 听听, 尝尝, 休息休息, 介绍介绍

04. "'얻는 게 많으면, 잃는 것도 많다'는 말이 있는데요"

"有句话说'得到的越多, 失去的就越多'"

한중통역에선 맨 뒤의 '~라는 말이 있는데요(*有句话说*)'를 먼저 언급한 점을 주의합니다. 한국어를 중국어로 문장구역 할 때는 좀 부족하여도 전반적인 의미를 전달하는 느낌으로 속도감 있게 통역합니다. 번역이 아닙니다.

응용실습

01. 핵심 내용 찾기

1) 전체 문단 중 이야기를 비교적 기억하기 쉬운 단락을 선택해보세요
2) 선택한 단락의 내용을 보지 않고 중국어로 다시 말할 수 있도록 핵심어를 표시해보세요.
3) 핵심어는 적을수록 좋습니다. 내용의 흐름을 쉽게 연상시키는 부분만을 표기합니다.
4) 핵심어는 굳이 한자로 쓸 필요는 없고, 간략하게 한글이나 자신만이 아는 기호로 적어도 좋습니다.

1단락2단락

天热的时候，我喜欢在家里冲冲凉，吹吹空调，睡睡觉，或者是在家里吃吃红豆冰。还有一个最重要的，就是要看一部很好看的电影。

핵심어를 선택하여 표시해보세요[2]:

02. 다시 말하기(重述)

1) 본인이 선택한 핵심어를 이용하여 선택한 단락을 중국어로 다시 말해보세요.
2) 암기가 아닙니다. 표현은 다소 달라도 무방하나, 숫자 고유명사 인명 등은 똑같아야 합니다.
3) 다시 말할 때 본인의 음성을 녹음 후 확인하세요.
4) 동일한 방법으로 다른 단락도 연습해보세요.

6-2. 面试

통역준비

텍스트 ( ) 넣기 06-04.mp3

음성을 들으며 빈칸에 들어갈 단어를 적어 보세요.

<面试>[3]
K: 어떤 업무에 지원하고 싶으세요? C: 我想(①______)。 K: 왜 판매를 하고 싶으신 거죠? C: 我刚(②______)，还很年轻，并且我的性格也不愿意(③______)。 C: 另外我(④______)没想过要去当一名文员什么的。所以我想做一名营销员(⑤______)自己。 K: 광고 마케터가 겪는 도전적 일들이 어떤 건지 알고는 있어요? C: 我觉得，目前对我来说，(⑥______)不是最主要的，(⑦______)就是锻炼自己、(⑧______)的。 K: 소질이 다양한 게 비교적 맘에 듭니다. 다음 주 월요일부터 출근하세요. C: 谢谢您。我一定会努力工作，不会(⑨______)的。

용어정리 06-05.mp3

각 열을 손으로 가리고 그에 대응하는 중국어(또는 한국어) 표현을 생각해 보고 연습하면 좋습니다.

면접시험을 보다	面试 miànshì
초빙되다/ 응모하다	应聘 yìngpìn
직무	职务 zhíwù
영업판매사원이 되다	当营销员 dāng yíngxiāoyuán
이제 막 졸업한지 얼마 안되다	刚毕业不久 gāng bìyè bùjiǔ
젊다	年轻 niánqīng
속박을 받다	受束缚 shòu shùfù
이제껏~한 적이 없다	从来没 cónglái méi
문서 담당 직원 등등	文员什么的 wényuán shénme de
단련하다	锻炼 duànliàn
직면하다	面临 miànlín
도전(하다)	挑战 tiǎozhàn
지금(=现在)	目前 mùqián
돈을 벌다	挣钱 zhèngqián
경험을 쌓다	积累经验 jīlěi jīngyàn
출근하다	上班 shàngbān

통역실습

1) 텍스트 읽기는 하지 않고 직접 문장구역부터 합니다.
2) 먼저 1단락부터 3단락까지 전체 단락의 문장구역을 합니다.
3) 그 뒤 각 단락별로 대화통역을 합니다. 학습자의 수준에 따라 문장구역을 생략하고 직접대화 통역을 해도 좋습니다.
4) 대화 통역을 할 때는 본문을 보지 않고 녹음을 들으며 통역하세요.
5) 예시답안은 통역연습에서 확인할 수 있습니다.

단락별 실습

01. 1단락 문장구역

K: 어떤 업무에 지원하고 싶으세요? (참고: 应聘)
C: 我想当营销员。
K: 왜 판매를 하고 싶으신 거죠?
C: 我刚毕业不久，还很年轻，并且我的性格也不愿意受束缚。

02. 2단락 문장구역

C: 另外我从来也没想过要去当一名文员什么的。所以我想做一名营销员锻炼锻炼自己。
K: 광고 마케터가 겪는 도전적 일들이 어떤 건지 알고는 있어요?(참고: 面临)

03. 3단락 문장구역

C: 我觉得，目前对我来说，挣钱不是最主要的，最重要的就是锻炼自己、积累经验的。
K: 소질이 다양한 게 비교적 맘에 듭니다. 다음 주 월요일부터출근하세요.
C: 谢谢您。我一定会努力工作，不会让您失望的。

04. 1, 2, 3단락 대화통역★★ 06-06.mp3

대화통역을 연습하기 위해 문장구역을 한 것입니다. 대화통역은 본 단원의 핵심부분으로 꼭 직접 실습해야 합니다. **텍스트 음성을 들으며** 한국인과 중국인의 대화를 각 단락별로 통역해보세요.

설명

01. 왜 판매를 하고 싶으신 거죠?

为什么愿意做营销呢? Wèishénme yuànyìzuò yíngxiāo ne?

'판매를 하다'는 做买卖로 표현을 할 수도 있으나, 营销는 단순한 장사보다는 경영판매나 마케팅의 의미로 보다 구체적입니다.

예) 营销策略 yíngxiāo cèlüè 마케팅 전략

02. 当一名文员 사무직 직원이 되다

사전적의미로 文员은 문서담당 직원이나, 통역에선 '사무직'과 같은 보다 일상적인 용어를 선택하는 센스가 필요합니다. 또한 한중 통역을 잘 하려면 '~이 되다'를 의미하는 当과 같은 동사 활용에 항상 주의합니다.

03. 한국어는 흔히 주어를 생략합니다.

한국어를 중국어로 통역 번역할 때는 한국어에 나타나지 않은 숨은 주어나 대상을 삽입해야 하며, 역으로 중국어를 한국어로 통역 번역할 때는 주어를 숨기는 것이 보다 자연스럽습니다. 이와 같은 경우 令, 让, 叫 등을 적극 활용하는 것이 좋습니다

예1) 한국어: (당신) 소질이 다양한 게 비교적 (내) 맘에 듭니다
중국어: 你各方面的素质都令人比较满意。

예2) 한국어: (저는) 꼭 열심히 일해서 (당신을) 실망시키지 않겠습니다.
중국어: 我一定会努力工作，不会让您失望的。

응용실습

01. 핵심 내용 찾기

1) 전체 문단 중 이야기를 비교적 기억하기 쉬운 단락을 선택해보세요
2) 선택한 단락의 내용을 보지 않고 중국어로 다시 말할 수 있도록 핵심어를 표시해보세요.
3) 핵심어는 적을수록 좋습니다. 내용의 흐름을 쉽게 연상시키는 부분만을 표기합니다.
4) 핵심어는 굳이 한자로 쓸 필요는 없고, 간략하게 한글이나 자신만이 아는 기호로 적어도 좋습니다.

2단락 3단락

我从来也没想过要去当一名文员什么的。所以我想做一名营销员锻炼锻炼自己。

我觉得，目前对我来说，挣钱不是最主要的，最重要的就是锻炼自己、积累经验的。

핵심어를 선택하여 표시해보세요.[4]

02. 다시 말하기(重述)

1) 본인이 선택한 핵심어를 이용하여 선택한 단락을 중국어로 다시 말해보세요.
2) 암기가 아닙니다. 표현은 다소 달라도 무방하나, 숫자 고유명사 인명 등은 똑같아야 합니다.
3) 다시 말할 때 본인의 음성을 녹음 후 확인하세요.
4) 동일한 방법으로 다른 단락도 연습해보세요.

통역연습

01 예시답안 활용연습

다음 연습방법 중 최소 1가지 방법을 선택하여 연습하며 녹음한 뒤 예시답안과 비교해 보세요.

1) 중중 섀도잉: 중국어 텍스트를 가리고 중국어 음성을 들으며 중국어로 섀도잉 연습을 해보세요.
2) 중한통역: 예시답안 전체를 가리고 중국어 음성을 들으며 한국어로 통역하여 녹음 후 비교해 보세요.
3) 한중통역: 한국어 예시답안을 보며 중국어로 문장구역을 해보세요.

06-07.mp3

텍스트 6-1	예시답안
1) K: 한창 여름인데, 공인(公人)으로써 여름휴가를 보내는 방법들 좀 소개 좀 해 주시겠습니까?	1) 现在正值夏天，作为一位公众人物，你能给我们提一些过暑假的建议吗？
2) C: 天热的时候，我喜欢在家里冲冲凉，吹吹空调，睡睡觉，或者是在家里吃吃红豆冰。	2) 날이 더울 때는 집에서 찬물 좀 끼얹고 에어컨도 쐬고 잠좀 자거나 아니면 팥빙수 먹는 걸 좋아해요.
3) C: 还有一个最重要的，就是要看一部很好看的电影。	3) 그밖에 제일 중요한 건, 재미있는 영화를 보는 거지요.
4) K: "얻는 게 많으면, 잃는 것도 많다"는 말이 있는데요, 본인도 이런 걸 느껴본 적이 있습니까?	4) 有句话说"得到的越多，失去的就越多"，您也有这种体会吗？
5) C: 我出名之后，可能会有很多人关注我，这是我得到的一些东西。	5) 제가 유명해진 뒤로, 관심을 보이시는 분들이 많아진 점이 제가 얻은 것 들입니다.
6) C: 失去的东西就是没有了自己的时间，和亲人、朋友在一块儿的时间也越来越少。	6) 잃은 점은 제 시간이 없어졌고, 가족이나 친구와 함께 있는 시간이 갈수록 적어진다는 겁니다
7) K: 하지만, 지금 좋아하시는 일을 하고 있는 걸로 보여서, 무척 행복한 분이라 생각돼요.	7) 不过，看来你现在做的是你喜欢做的事情，所以我觉得你是一个非常幸福的人。

06-08.mp3

텍스트 6-2	예시답안
1) K: 어떤 업무에 지원하고 싶으세요?	1) 你想应聘什么职务？
2) C: 我想当营销员。	2) 마케팅부에 지원하고 싶습니다.
3) K: 왜 판매를 하고 싶으신 거죠?	3) 为什么愿意做营销呢？
4) C: 我刚毕业不久，还很年轻，并且我的性格也不愿意受束缚。	4) 막 졸업한지 얼마 안됐고 아직 젊은데다 성격적으로도 구속 받는 걸 싫어해서요.
5) C: 另外我从来也没想过要去当一名文员什么的。所以我想做一名营销员锻炼锻炼自己。	5) 또 사무직 같은 건 한번도 생각해본 적이 없습니다. 저는 마케팅을 하면서 자신을 키우고 싶습니다.
6) K: 광고 마케터가 겪는 도전적 일들이 어떤 건지 알고는 있어요?	6) 你知道一名广告营销员所面临的挑战是什么吗？
7) C: 我觉得，目前对我来说，挣钱不是最主要的，最重要的就是锻炼自己、积累经验的。	7) 지금 저한텐 돈벌이가 제일 중요한 건 아닙니다. 제일 중요한 건 저 스스로를 키우고 경험을 쌓는 거라고 생각합니다.
8) K: 소질이 다양한 게 비교적 맘에 듭니다. 다음 주 월요일부터 출근하세요.	8) 你各方面的素质都比較令人滿意，从下星期一开始上班吧。
9) C: 谢谢您。我一定会努力工作，不会让您失望的。	9) 감사합니다. 꼭 열심히 일해서 실망시켜드리지 않겠습니다.

02. 한중 통역 06-09.mp3

한국어를 듣고 중국어로 통역해보세요

1.

2.

3.

4.

5.

6.

7.

8.

9.

10.

03 음성을 잘 듣고 각 문장의 번역이 맞으면 T, 틀리면 F를 기입하세요.

1. 저는 집에서 찬물 좀 끼얹고 에어컨 쐬는 걸 좋아해요. (　　)
2. 겨울 휴가를 보내는 방법들 좀 소개해 주시겠습니까? (　　)
3. 지금 저한테 제일 중요한건 저 스스로를 키우는 겁니다. (　　)
4. 광고 마케터가 어떤 힘든 일들을 겪는지 알고는 있어요? (　　)

쉬어가기

[통역시 주의사항]

1) 간접화법이 아닌 직접 화법 사용

통역은 상대방을 보며 말하는 것이므로 '저 분이 안녕히 주무시라고 말씀하셨는데요 (他说晚安)' 와 같은 간접화법은 쓰지 않습니다. 직접화법을 사용하여 '안녕히 주무세요 晚安' 라고 통역합니다.

2) 과다한 번복 및 반복 지양

일단 선택한 표현은 자연스럽게 활용하여 마무리합니다. 선택한 표현이맘에 들지 않는다고 다른 표현으로 바꾸려 반복하다 보면 통역의 질을 떨어뜨리고 공연히 통역에 대한 신뢰감을 떨어뜨리게 됩니다. 예를 들어 '看来你现在做的是你喜欢的事情。'은 다음 어느 문장으로든 통역이 가능합니다.

1. 제 생각에 지금 하시는 일은 본인이 좋아하시는 일 같네요.
2. 지금 하시는 일을 좋아하시는 걸로 보이는데요.
3. 좋아하시는 일을 하시고 있는 걸로 보입니다.

이중 3번째 문장으로 이야기할 걸 하는 후회에, '제 생각에 지금 하시는 일은~'이라고 이미 말한 것을 '좋아하시는 일을~'이라고 다시 반복하다보면 듣는 이의 입장에선 오히려 명쾌하지 않는 경우가 많습니다. 어느 문장이던, 일단 시작한 말로 마무리 짓는 것이 좋습니다.

3) 가급적 기록을 줄이고 기억에 의존합니다.

4) 통역할 때는 eye contact이 필요합니다.

특히 대중연설을 통역할 경우엔 더 더욱 그렇습니다. 기록하느라고, 또 기록한 것을 보고 통역하느라 고개를 파묻고만 있는 통역은 말하고 있다는 자연스러운 느낌이 들지 않습니다.

5) 한중 언어간의 차이를 주의 깊게 관찰하는 습관이 필요합니다.

[1] 정답

1) 采访　2) 冲冲凉　3) 吹吹空调　4) 吃吃红豆冰　5) 出名
6) 关注　7) 失去的　8) 亲人

[2] 핵심어 예

더운날 찬물 에어컨 or 팥빙수 <또 $\overset{2}{\uparrow}$(가장 중요한 것)영화

[3] 정답

1) 当营销员　2) 毕业不久　3) 受束缚　4) 从来也　5) 锻炼锻炼
6) 挣钱　7) 最重要的　8) 积累经验　9) 让您失望

[4] 핵심어 예

문서 ∴단련 // 돈× $\overset{2}{\uparrow}$(가장중요한 것) 단련 경험

제7과

삼각대화 (소개 운동)

학습목표

◎ 삼각대화(三角对话)를 통한 한중/ 중한 통역훈련

▶ 7-1 陪同口译(迎接和介绍) 수행통역(영접과 소개)

▶ 7-2 奥运冠军选手访谈 올림픽 금메달리스트 인터뷰
(메달 획득과정과 메달 획득 전후 및 팬들에게 인사말)

◎ 텍스트 핵심내용 찾기

◎ 핵심내용에 의거하여 중국어로 다시 말하기

7-1. 陪同口译(迎接和介绍)

통역준비

텍스트 ( ) 넣기 07-01.mp3

음성을 들으며 빈칸에 들어갈 단어를 적어 보세요.

<陪同口译(迎接和介绍)>[1]
C: 您就是世界(①______)公司的(②______)(000)吧?您好? 我姓王, 是中国(③______)的总经理 K: 안녕하세요? 직접 마중까지 나와 주시니 정말 몸둘 바를 모르겠습니다. C: 这是我们(④______)的啊。您的行李都(⑤______)吗?行李给我们吧, (⑥______)在外面等着呢, 您先请。 K: 왕 사장님, 저희 회사 연구개발부 (R&D) 담당 책임자 장 부장입니다. K: 우리 회사에서 십 년 넘게 일하신 아주 유능한 분이십니다. C: 幸会, 幸会!今晚我们(⑦______)为你们(⑧______), 晚上5:30 我派车来接你们。 K: 이렇게 세심하게 배려해주시니 감사합니다. K: 정말이지 이번 방문에서 참 많이 얻고 갑니다. K: 기념으로 뭐 좀 하나 드립니다. 이게 우리 사이를 상기시켜주면 좋겠네요. C: 真是非常感谢。我们一定会常常想起您的。不过(⑨______)您要走了。 C: 欢迎你们以后随时再来。祝你们(⑩______)。 K: 안녕히 계세요. 계속 연락하는 것 잊지마시구요.

용어정리 07-02.mp3

각 열을 손으로 가리고 그에 대응하는 중국어(또는 한국어) 표현을 생각해 보고 연습하면 좋습니다.

수행하다	陪同 péitóng
수출입(수출/수입)	进(口)/出口 jìn/chūkǒu
총재 / 회장	总裁 zǒngcái
장난감 회사	玩具公司 wánjù gōngsī
총지배인 / 사장	总经理 zǒngjīnglǐ
일부러 급히 오다	专程赶来 zhuānchéng gǎnlái
짐을 찾다	取行李 qǔ xínglǐ
연구개발부(R&D)	研发部(=研究开发部) yánfābù
왕 사장님	王总 Wáng zǒng
부장 / 매니저 / 지배인	经理 jīnglǐ
유능하다 / 일 처리가 뛰어나다	能干 nénggàn
만나뵙게 되어 영광입니다	幸会 xìnghuì
연회를 베풀다	设宴 shèyàn
먼 곳에서 온 사람에게 환영파티를 열다	接风洗尘 jiēfēng xǐchén
유감스럽다	遗憾 yíhàn
연락을 유지하다	保持联系 bǎochí liánxì

통역실습

1) 텍스트 읽기는 하지 않고 직접 문장구역부터 합니다.
2) 먼저 1단락부터 3단락까지 전체 단락의 문장구역을 합니다.
3) 그 뒤 각 단락별로 대화통역을 합니다. 학습자의 수준에 따라 문장구역을 생략하고 직접대화 통역을 해도 좋습니다.
4) 대화 통역을 할 때는 본문을 보지 않고 녹음을 들으며 통역하세요.
5) 예시답안은 통역연습에서 확인할 수 있습니다.

단락별 실습

01. 1단락 문장구역

C: 您就是世界进出口公司的总裁(000)吧?您好? 我姓王，是中国玩具公司的总经理

K: 안녕하세요? 직접 마중까지 나와주시니 정말 몸둘바를 모르겠습니다.

C: 这是我们应该做的啊。您的行李都取了吗?行李给我们吧，车子在外面等着呢，您先请。

02. 2단락 문장구역

K: 왕 사장님, 저희 회사 연구개발부 (R&D) 담당 책임자 장 부장입니다.

K: 우리 회사에서 십 년 넘게 일하신 아주 유능한 분이십니다.

C: 幸会，幸会!今晚我们设宴为你们接风洗尘，晚上5:30 我派车来接你们。

K: 이렇게 세심하게 배려해주시니 감사합니다.

03. 3단락 문장구역

K: 정말이지 이번 방문에서 참 많이 얻고 갑니다.

K: 기념으로 뭐 좀 하나 드립니다. 이게 우리 사이를 상기시켜주면 좋겠네요.

C: 真是非常感谢。我们一定会常常想起您的。不过很遗憾您要走了。

C: 欢迎你们以后随时再来。祝你们旅途愉快。

K: 안녕히 계세요. 계속 연락하는 것 잊지마시구요.

04. 1, 2, 3단락 대화통역★★ 07-03.mp3

대화통역을 연습하기 위해 문장구역을 한 것입니다. 대화통역은 본 단원의 핵심부분으로 꼭 직접 실습해야 합니다. **텍스트 음성을 들으며** 한국인과 중국인의 대화를 각 단락별로 통역해보세요.

설명

01. 숨은 주어를 찾아내거나, 주어를 숨겨서 통역 번역해 보세요.

한국어: (당신이) 이렇게 세심하게 (우리를 위해) 배려해 주시니 감사합니다.
중국어: 谢谢您为我们作出了如此精心的安排。

02. 동일한 한자어를 그대로 사용하기 보다는 가급적 다른 표현을 써서 통역 번역하는 연습을 하면 다양한 상황에 대응하기가 수월합니다.

예) 사장님 스케줄을 어떻게 짤까요?
如何安排老板的日程? Rúhé ānpái lǎobǎn de rìchéng?
배역을 배정하다 安排角色 ānpái juésè

03. 관형어가 긴 한국어 특징에 유념하여 중국어를 한국어로 통번역 할 때는 두 문장을 하나의 문장으로 통번역하고, 한국어를 중국어로 통번역할 때는 관형어가 긴 한 개 문장을 두 개 문장으로 분리하여 통번역하는 연습을 합니다.

예1) 관형어가 긴 한국어 문장
우리 회사에서 십 년 넘게 일하신 아주 유능한 분이십니다.
⇒ '他是一位在我们公司工作十几年的非常能干的人。'와 같이 통번역을 할 수도 있으나, 관형어를 분리하여'他在我们公司工作了十几年，是一位非常能干的人。'로 통번역 하면 더욱 깔끔하게 표현 할 수 있습니다.

예2) 중국어 두 개 문장을 관형어를 활용하여 한국어 한 개 문장으로 표현
我送您一件东西作纪念吧。我希望它能让您想起我们的友谊。
⇒ 본문에서와 같이 '기념으로 뭐 좀 하나 드립니다. 이게 우리 사이를 상기시켜주면 좋겠네요.'라고 그대로 두 문장으로 표현할 수도 있으나, 관형어를 활용하여 '우리 친한 사이를 기억시켜줄 만한 뭣 좀 하나 드립니다.'라고 한국어 특징을 살려서 표현할 수 있습니다.

응용실습

01. 핵심 내용 찾기

1) 전체 문단 중 이야기를 비교적 기억하기 쉬운 단락을 선택해보세요
2) 선택한 단락의 내용을 보지 않고 중국어로 다시 말할 수 있도록 핵심어를 표시해보세요.
3) 핵심어는 적을수록 좋습니다. 내용의 흐름을 쉽게 연상시키는 부분만을 표기합니다.
4) 핵심어는 굳이 한자로 쓸 필요는 없고, 간략하게 한글이나 자신만이 아는 기호로 적어도 좋습니다.

3단락

真是非常感谢。我们一定会常常想起您的。不过很遗憾您要走了。

欢迎你们以后随时再来。祝你们旅途愉快。

핵심어를 선택하여 표시해보세요[2]:

02. 다시 말하기(重述)

1) 본인이 선택한 핵심어를 이용하여 선택한 단락을 중국어로 다시 말해보세요.
2) 암기가 아닙니다. 표현은 다소 달라도 무방하나, 숫자 고유명사 인명 등은 똑같아야 합니다.
3) 다시 말할 때 본인의 음성을 녹음 후 확인하세요.
4) 동일한 방법으로 다른 단락도 연습해보세요.

7-2. 奥运冠军选手访谈

통역준비

텍스트 ( ) 넣기 07-04.mp3

음성을 들으며 빈칸에 들어갈 단어를 적어 보세요.

<奥运冠军选手访谈>[3]
K: 이번 시합에서 올림픽 금메달을 또 따셨는데, 지금 소감이 어떻습니까? C: 今后可以(①______)生活，感觉很幸福。 K: 올림픽 준비 기간에 심적 스트레스를 어떻게 풀었나요? C: 我从小就(②______)而努力。可能是相信自己已经(③______)吧。 K: 금메달을 딴 뒤로 예전하고 뭐 좀 달라진 점이 있다고 생각하십니까? C: 我自己以为(④______)以后会发生(⑤______)，但实际上并(⑥______)。 K: 앞으론 어떤 계획이 있는지요? C: 过去曾想过'如果我的生活没有奥运会会怎么样?'，当时真的有许多想做的事情。 C: 但是现在什么都不想做了，今后的事情我会(⑦______)。 K: 한국 팬들한테 한 말씀 좀 해주시죠. C: 大家好，非常感谢你们对我的(⑧______)。以后有机会再来韩国时，我希望(⑨______)几句韩国语，能和韩国朋友(⑩______)交流，谢谢。

용어정리 07-05.mp3

각 열을 손으로 가리고 그에 대응하는 중국어(또는 한국어) 표현을 생각해 보고 연습하면 좋습니다.

방문하여 이야기하다, 인터뷰	访谈 fǎngtán
우승메달을 따다 / 챔피언이 되다	拿到冠军 nádào guànjūn
올림픽(시합)	奥运(会) àoyùn(huì)
어떤 근심 걱정도 없다	无忧无虑 wúyōuwúlǜ
전쟁(시합)을 준비하다	备战 bèizhàn
벗어나오다	摆脱 bǎituō
압력 / 스트레스	压力 yālì
노력하여 메달을 쟁취하다	夺冠 duóguàn (=夺取争夺冠军)
별 거 아니다 / 아무 것도 없다	没什么 méi shénme
일찍이 / 이미	曾 céng
만약	如果 rúguǒ
한국어로 (한국어를 사용해서)	用韩语 yòng hányǔ

통역실습

1) 텍스트 읽기는 하지 않고 직접 문장구역부터 합니다.
2) 먼저 1단락부터 3단락까지 전체 단락의 문장구역을 합니다.
3) 그 뒤 각 단락별로 대화통역을 합니다. 학습자의 수준에 따라 문장구역을 생략하고 직접대화 통역을 해도 좋습니다.
4) 대화 통역을 할 때는 본문을 보지 않고 녹음을 들으며 통역하세요.
5) 예시답안은 통역연습에서 확인할 수 있습니다.

단락별 실습

01. 1단락 문장구역

K: 이번 시합에서 올림픽 금메달을 또 따셨는데, 지금 소감이 어떻습니까?
C: 今后可以无忧无虑地生活，感觉很幸福。
K: 올림픽 준비 기간에 심적 스트레스를 어떻게 풀었나요?
C: 我从小就为奥运而努力。可能是相信自己已经做好了准备吧。

02. 2단락 문장구역

K: 금메달을 딴 뒤로 예전하고 뭐 좀 달라진 점이 있다고 생각하십니까?
C: 我自己以为夺冠以后会发生巨大变化，但实际上并没什么。
K: 앞으론 어떤 계획이 있는지요?
C: 过去曾想过'如果我的生活没有奥运会会怎么样?'，当时真的有许多想做的事情。
C: 但是现在什么都不想做了，今后的事情我会慢慢考虑。

03. 3단락 문장구역

K: 한국 팬들한테 한 말씀 좀 해주시죠.
C: 大家好，非常感谢你们对我的支持。以后有机会再来韩国时，我希望再多学几句韩国语，能和韩国朋友用韩语交流，谢谢。

04. 1, 2, 3단락 대화통역★★ 07-06.mp3

대화통역을 연습하기 위해 문장구역을 한 것입니다. 대화통역은 본 단원의 핵심부분으로 꼭 직접 실습해야 합니다. **텍스트 음성을 들으며** 한국인과 중국인의 대화를 각 단락별로 통역해보세요.

설명

01. 现在感觉怎么样?

感觉는 상황에 따라 '느낌, 감각'을 뜻하는 명사로, 또는'느끼다, ~라고 여기다'란의미의 동사로도 다양하게 쓰입니다.

예 1) 갑자기 그로테스크한 느낌이 들었다: 我突然有种奇异的感觉。
2) 일이 그런대로 순조롭다고 여긴다: 我感觉工作还顺利。

02. 拿到冠军

동사는 拿到 외에 得到 夺取 등을 써서 得到冠军 夺取冠军으로도 표현 할 수 있습니다.

메달 순위에서 1등은 冠军(=第一名), 2등은 亚军(=第二名), 3등은 季军(=第3名)으로 표시합니다. 그 외 챔피언십, 선수권대회, 타이틀매치는 冠军赛로 표현합니다.

03. 격려해 주셔서 감사합니다

중국어로 통역 번역시엔 역시 숨겨진 주어나 대상을 삽입합니다. 즉 '(여러분, 저를) 격려해 주셔서 감사합니다'로 판단하여 '非常感谢你们对我的支持'로 표현합니다.

04. 粉丝[fěnsī]는 원래 중국식 당면을 의미하나, 발음이 영어의 fans 발음과 유사하여 팬이란 의미로도 사용됩니다.

예) 你想要增加自己的粉丝数量吗? 팬 수를 늘리고 싶으세요?

응용실습

01. 핵심 내용 찾기

1) 전체 문단 중 이야기를 비교적 기억하기 쉬운 단락을 선택해보세요
2) 선택한 단락의 내용을 보지 않고 중국어로 다시 말할 수 있도록 핵심어를 표시해보세요.
3) 핵심어는 적을수록 좋습니다. 내용의 흐름을 쉽게 연상시키는 부분만을 표기합니다.
4) 핵심어는 굳이 한자로 쓸 필요는 없고, 간략하게 한글이나 자신만이 아는 기호로 적어도 좋습니다.

3단락

大家好，非常感谢你们对我的支持。以后有机会再来韩国时，我希望再多学几句韩国语，能和韩国朋友用韩语交流，谢谢。

핵심어를 선택하여 표시해보세요.[4]

02. 다시 말하기(重述)

1) 본인이 선택한 핵심어를 이용하여 선택한 단락을 중국어로 다시 말해보세요.
2) 암기가 아닙니다. 표현은 다소 달라도 무방하나, 숫자 고유명사 인명 등은 똑같아야 합니다.
3) 다시 말할 때 본인의 음성을 녹음 후 확인하세요.
4) 동일한 방법으로 다른 단락도 연습해보세요.

통역연습

01 예시답안 활용연습

다음 연습방법 중 최소 1가지 방법을 선택하여 연습하며 녹음한 뒤 예시답안과 비교해 보세요.

1) 중중 섀도잉: 중국어 텍스트를 가리고 중국어 음성을 들으며 중국어로 섀도잉 연습을 해보세요.
2) 중한통역: 예시답안 전체를 가리고 중국어 음성을 들으며 한국어로 통역하여 녹음 후 비교해 보세요.
3) 한중통역: 한국어 예시답안을 보며 중국어로 문장구역을 해보세요.

07-07.mp3

텍스트 7-1	예시답안
1) C: 您就是世界进出口公司的总裁(000)吧?您好? 我姓王, 是中国玩具公司的总经理	1) 세계수출입회사 00회장님이시죠? 저는 중국장난감회사 왕사장입니다.
2) K: 안녕하세요? 직접 마중까지 나와주시니 정말 몸둘바를 모르겠습니다.	2) 您好?您亲自专程赶来接待我, 我深为感动。
3) C: 这是我们应该做的啊。您的行李都取了吗?行李给我们吧, 车子在外面等着呢, 您先请。	3) 당연한 거지요. 짐은 찾으셨습니까? 이리 주시죠, 밖에 차 세워놨습니다. 먼저 타세요
4) K: 왕 사장님, 저희 회사 연구개발부 (R&D) 담당 책임자 장 부장입니다.	4) 王总, 我先介绍一下我们公司研发部的负责人张经理。
5) K: 우리 회사에서 십 년 넘게 일하신 아주 유능한 분이십니다.	5) 他在我们公司工作了十几年, 是一位非常能干的人。
6) C: 幸会, 幸会!今晚我们设宴为你们接风洗尘, 晚上5:30 我派车来接你们。	6) 뵙게 되어 영광입니다! 오늘 저녁 환영파티를 준비했는데, 저녁 5:30에 모시러 차 보내겠습니다.
7) K: 이렇게 세심하게 배려해주시니 감사합니다.	7) 谢谢您为我们作出了如此精心的安排。
8) K: 정말이지 이번 방문에서 참 많이 얻고 갑니다.	8) 说真的, 这次访问收获丰富。
9) K: 기념으로 뭐 좀 하나 드립니다. 이게 우리 사이를 상기시켜주면 좋겠네요.	9) 我送您一件东西作纪念吧。我希望它能让您想起我们的友谊。
10)C: 真是非常感谢。我们一定会常常想起您的。不过很遗憾您要走了。	10) 정말 감사합니다. 꼭 항상 기억하겠습니다. 가신다니 정말 섭섭합니다.
11)C: 欢迎你们以后随时再来。祝你们旅途愉快。	11) 앞으로도 언제든 또 오시고, 편안히 가시기 바랍니다.
12)K: 안녕히 계세요. 계속 연락하는 것 잊지마시구요.	12) 再见, 别忘了保持联系。

07-08.mp3

텍스트 7-2	예시답안
1) K: 이번 시합에서 올림픽 금메달을 또 따셨는데, 지금 소감이 어떻습니까?	1) 你在这次比赛又拿到奥运冠军, 现在感觉怎么样?
2) C: 今后可以无忧无虑地生活, 感觉很幸福。	2) 앞으론 걱정 없이 지낼 수 있게 돼서 행복합니다.
3) K: 올림픽 준비 기간에 심적 스트레스를 어떻게 풀었나요?	3) 在备战奥运会期间, 你是怎么样摆脱心理上压力的?
4) C: 我从小就为奥运而努力。可能是相信自己已经做好了准备吧。	4) 전 어렸을 적부터 올림픽을 위해 노력했어요. 아마 스스로 이미 준비를 다했다고 믿었기 때문이겠지요.
5) K: 금메달을 딴 뒤로 예전하고 뭐 좀 달라진 점이 있다고 생각하십니까?	5) 你拿到冠军以后, 感觉跟以前有什么不同吗?
6) C: 我自己以为夺冠以后会发生巨大变化, 但实际上并没什么。	6) 저는 메달을 따면 큰 변화가 있을 거로 생각했는데, 실제로 변한 건 아무 것도 없어요.
7) K: 앞으론 어떤 계획이 있는지요?	7) 你今后有什么打算?
8) C: 过去曾想过'如果我的生活没有奥运会会怎么样?', 当时真的有许多想做的事情。	8) 전에는 '올림픽이 없으면 내 생활은 어떻게 될까' 생각했었고, 그 당시엔 하고 싶은 일들이 정말 많았어요.
9) C: 但是现在什么都不想做了, 今后的事情我会慢慢考虑。	9) 하지만 지금은 아무 것도 하고 싶지 않아요. 앞으로 일은 천천히 생각할래요.
10) K: 한국 팬들한테 한 말씀 좀 해주시죠.	10) 希望你对喜欢你的韩国朋友说一两句话。
11) C: 大家好, 非常感谢你们对我的支持。以后有机会再来韩国时, 我希望再多学几句韩国语, 能和韩国朋友用韩语交流, 谢谢。	11) 여러분 안녕하세요? 격려해주셔서 감사합니다. 다음에 한국에 또 올 기회가 생기면 그때는 한국어를 좀 더 배워서 여러분과 한국어로 사귈 수 있으면 좋겠어요. 감사합니다.

02. 한중 통역 07-09.mp3

한국어를 듣고 중국어로 통역해보세요

1.
2.
3.
4.
5.
6.
7.
8.
9.
10.

03 음성을 잘 듣고 각 문장의 번역이 맞으면 T, 틀리면 F를 기입하세요.

1. 저희 회사 연구개발부 (R&D) 담당 책임자 장 부장입니다. (　　)
2. 저녁 5:30에 모시러 차 보내겠습니다. (　　)
3. 지금은 뭐든 다하고 싶어요, 앞으로 큰 변화가 있을 겁니다. (　　)
4. 이번 시합에서 올림픽 금메달을 또 따셨는데, 지금 소감이 어떻습니까? (　　)

쉬어가기

[재미있는 번역: 미끄러지실래요?]

중국 여행 중에 우연히 본 안내판입니다. 사진을 보면서 이상한 점을 먼저 찾아보세요.

"小心地滑 xiǎoxīndì huá"

이 말은 끊어 읽기에 주의해야합니다. 즉, 小心/地/滑 (xiǎoxīn/dì/huá)로 끊어 읽어야 합니다. 여기서 '地'는 '땅'으로 '지면이 미끄러우니 조심하세요(미끄럼 주의)'란 의미임을 쉽게 파악할 수 있습니다.

그런데 위 안내판과 같은 번역이 나온 이유는 '地'를 '~하게'란 구조조사, 즉 동사나 형용사를 꾸며주는 단어를 부사화시키는 역할로 파악하여 '조심스럽게 미끄러지다'로 파악하고, 일어 번역까지 참조하여 '조심스럽게 슬라이드'라고 번역을 한 것입니다. 이 번역자는 읽기를 小心地/滑 (xiǎoxīn dì/huá)로 한 것이지요. 통역이나 번역은 사전만 있어서도 안되고 상황을 파악하는 센스가 우선입니다.

[1] 정답

1) 进出口	2) 总裁	3) 玩具公司	4) 应该做	5) 取了
6) 车子	7) 设宴	8) 接风洗尘	9) 很遗憾	10) 旅途愉快

[2] 핵심어 예

감사 상기 ;(=그러나) 수시 축

[3] 정답

1) 无忧无虑地	2) 为奥运	3) 做好了准备	4) 夺冠	5) 巨大变化
6) 没什么	7) 慢慢考虑	8) 支持	9) 再多学	10)用韩语

[4] 핵심어 예

지지 再K 교류

제8과

삼각대화 (매매 무역)

학습목표

◎ 삼각대화(三角对话)를 통한 한중/ 중한 통역훈련
- ▶ 8-1 买卖 매매 대화통역
  (가죽 자켓 매매:흥정, 구입과 배달, 재래시장과 반품)
- ▶ 8-2 贸易交易 무역거래 대화통역
  (청바지 무역 거래:가격문의, 가격협상, 거래완료)

◎ 텍스트 핵심내용 찾기
◎ 핵심내용에 의거하여 중국어로 다시 말하기

8-1. 买卖

통역준비

텍스트 ( ) 넣기 08-01.mp3

음성을 들으며 빈칸에 들어갈 단어를 적어 보세요.

<买卖>[1]
C: 这件皮夹克多少钱?你们最近有什么(①______)吗? K: 30만 원입니다. 어서 오세요, 지금 10% 세일 중입니다. C: 我(②______)一下买两件, 能不能(③______)? K: 좋아요, 인심 썼습니다. 근데, 50만원에 두 벌이면 제가 밑지는 겁니다. C: 这件褐色的有没有(④______)的? K: 있어요. 곧 찾아 드릴께요。이 걸 사려고 정하신 걸 보면 정말 안목 있으시네요 C: 这些都要(⑤______) 。我希望把它们(⑥______)。 K: 네, 성함하고 호텔과 룸 넘버 써주세요. 두 시간 뒤면 호텔 프런트로 배달 될 겁니다. C: 请问, 要去什么地方才能买到(⑦______)? K: 백화점에서도 살 수는 있지만, 재래시장에 가시면 더 싸게 살 수 있어요. C: 到(⑧______)去购物会不会(⑨______)呢? K: 지금은 안 그래요, 영수증 갖고 가면 반품할 수도 있어요.

용어정리 08-02.mp3

각 열을 손으로 가리고 그에 대응하는 중국어(또는 한국어) 표현을 생각해 보고 연습하면 좋습니다.

가죽 잠바 / 가죽 재킷	皮夹克 píjiākè
특별 이벤트(우대 활동)	优惠活动 yōuhuì huódòng
할인하다	打折 dǎzhé
어서 오세요	欢迎光临 huānyíng guānglín
죽기살기로 하다 / 큰 맘 먹다	豁出去了 huōchuqule
손해보다	赔本 péiběn
갈색	褐色 hèsè
특대 사이즈	最大号 zuìdà hào
안목 눈썰미	眼光 yǎnguāng
무대 앞쪽 / (호텔)프런트	前台 qián tái
재래시장	老市场 lǎo shìchǎng
속다 / 사기 당하다	受骗 shòupiàn
영수증	收据 shōujù
구매하다	购物 gòuwù
반품(하다)	退货 tuìhuò

통역실습

1) 텍스트 읽기는 하지 않고 직접 문장구역부터 합니다.
2) 먼저 1단락부터 3단락까지 전체 단락의 문장구역을 합니다.
3) 그 뒤 각 단락별로 대화통역을 합니다. 학습자의 수준에 따라 문장구역을 생략하고 직접대화 통역을 해도 좋습니다.
4) 대화 통역을 할 때는 본문을 보지 않고 녹음을 들으며 통역하세요.
5) 예시답안은 통역연습에서 확인할 수 있습니다.

단락별 실습

01. 1단락 문장구역

C: 这件皮夹克多少钱?你们最近有什么优惠活动吗?

K: 30만 원입니다. 어서 오세요, 지금 10% 세일 중입니다.

C: 我要是一下买两件，能不能再打折?

K: 좋아요, 인심 썼습니다(豁出去了활용).. 근데, 50만원에 두 벌이면 제가 밑지는 겁니다.

02. 2단락 문장구역

C: 这件褐色的有没有最大号的?

K: 있어요. 곧 찾아 드릴께요。이 걸 사려고 정하신 걸 보면 정말 안목 있으시네요

C: 这些都要一个个包装。我希望把它们送到饭店。

K: 네, 성함하고 호텔과 룸 넘버 써주세요. 두 시간 뒤면 호텔 프런트로 배달 될 겁니다.

03. 3단락 문장구역

C: 请问，要去什么地方才能买到特产品?

K: 백화점에서도 살 수는 있지만, 재래시장에 가시면 더 싸게 살 수 있어요.

C: 到老市场去购物会不会受骗呢?

K: 지금은 안 그래요, 영수증 갖고 가면 반품할 수도 있어요.

04. 1, 2, 3단락 대화통역★★ 08-03.mp3

대화통역을 연습하기 위해 문장구역을 한 것입니다. 대화통역은 본 단원의 핵심부분으로 꼭 직접 실습해야 합니다. **텍스트 음성을 들으며** 한국인과 중국인의 대화를 각 단락별로 통역해보세요.

설명

01.통번역을 할 때는 문화적 습관에 따른 언어 차이에 주의를 합니다.

예) 지금 10%세일 중입니다. 我们目前在打九折。

'打九折'는 판매자 입장에서 90%만 받는다는 의미인데, 소비자 입장에서 보면 10%세일입니다. 打折, 折扣는 '할인하다'의 의미로, 아울렛(outlets)은 品牌折扣店(pǐnpái zhékòu diàn)이라고 합니다.

02. 통번역을 할 때는 동일한 한자어나 유사한 한자어에 유의하여 다양하게 표현하는 연습을 함으로써 응용력을 키웁니다.

예) 특별 이벤트 (우대행사) 优惠活动, 빅이벤트(큰행사) 大活动,
개교기념 축제(대동제) 校庆活动, (물건 구매시)바가지 쓰다(속다) 受骗

03. 통번역은 동일한 단어일지라도 상황에 따라서 의미가 다르게 표현될 수 있습니다.

예) 好吧, 豁出去了。좋아요, 인심 썼습니다. (큰 맘 먹었습니다)
我只有一个念头, 没有退路了, 只有豁出去了
빠져나갈 길이 없으니 죽기살기로 할 수 밖에 없다는 생각뿐이었습니다.

04. 외래어로 이루어진 합성어는 뜻과 외래어를 파악하여 통번역합니다.

예) 皮夹克 가죽을 의미하는 한자 皮와 jacket의 발음에 가까운 한자 夹克의 합성어입니다.
考托 시험을 본다는 考와 Toefl의 음역 托福(tuōfú)의 합성어입니다.

응용실습

01. 핵심 내용 찾기

1) 전체 문단 중 이야기를 비교적 기억하기 쉬운 단락을 선택해보세요
2) 선택한 단락의 내용을 보지 않고 중국어로 다시 말할 수 있도록 핵심어를 표시해보세요.
3) 핵심어는 적을수록 좋습니다. 내용의 흐름을 쉽게 연상시키는 부분만을 표기합니다.
4) 핵심어는 굳이 한자로 쓸 필요는 없고, 간략하게 한글이나 자신만이 아는 기호로 적어도 좋습니다.

2단락

这些都要一个个包装。我希望把它们送到饭店。

好，请写下您的名字、饭店和房号。两个小时以后，会送到您的饭店前台。

핵심어를 선택하여 표시해보세요[2]:

02. 다시 말하기(重述)

1) 본인이 선택한 핵심어를 이용하여 선택한 단락을 중국어로 다시 말해보세요.
2) 암기가 아닙니다. 표현은 다소 달라도 무방하나, 숫자 고유명사 인명 등은 똑같아야 합니다.
3) 다시 말할 때 본인의 음성을 녹음 후 확인하세요.
4) 동일한 방법으로 다른 단락도 연습해보세요.

8-2. 贸易交易

통역준비

텍스트 ( ) 넣기 08-04.mp3

음성을 들으며 빈칸에 들어갈 단어를 적어 보세요.

<贸易交易>[3]

C: 贵公司今年(①______)的产品(②______)。我非常喜欢这件牛仔裤，(③______)、(④______)都很好。
K: 이거요? 카탈로그 가격은 소매가고, 도매가는 이 가격보다 15% 쌉니다.
C: 是吗?不过贵公司的价格(⑤______)比其他几家公司高了一点儿，这是为什么呢?
K: 그건 제품 질이나 디자인 때문에 그런 겁니다. 거기다 원가도 작년보다 올랐어요.
C: 我知道你们的(⑥______)，但我希望能得到(⑦______)。
K: 너무 합니다。이렇게 깎으시면 우린 남는 게 없습니다.
C: 我们(⑧______)的三个月需要(⑨______)10000个，如果我们(⑩______)一年的订单怎么样?
K: 전 아주 그렇게 하고 싶은데, 먼저 윗분 지시를 들어봐야 합니다
K: 이게 우리가 만든 계약서입니다. 미흡한 부분이 있는지 한번 자세히 보십시오.
C: 好，我很满意。我(⑪______)。

용어정리 08-05.mp3

각 열을 손으로 가리고 그에 대응하는 중국어(또는 한국어) 표현을 생각해 보고 연습하면 좋습니다.

거래하다, 교역하다	交易 jiāoyì
출시하다, 내놓다	推出 tuīchū
매력 / 감칠 맛	吸引力 xīyǐnlì
청바지	牛仔裤 niúzǎikù
스타일, 양식	式样 shìyàng
소매가	零售价 língshòujià
도매가	批发价 pīfājià
원가, 생산비	成本 chéngběn
할인 에누리하다	折扣 zhékòu
구입하다	采购 cǎigòu
주문서	订单 dìngdān
기꺼이~하고 싶다	乐意 lèyì
지시를 청하다 / 물어보다	请示 qǐngshì
계약서	合同 hétong
살펴보다 / 훑어보다	过目 guòmù
서명하다	签名 qiānmíng

통역실습

1) 텍스트 읽기는 하지 않고 직접 문장구역부터 합니다.
2) 먼저 1단락부터 3단락까지 전체 단락의 문장구역을 합니다.
3) 그 뒤 각 단락별로 대화통역을 합니다. 학습자의 수준에 따라 문장구역을 생략하고 직접대화 통역을 해도 좋습니다.
4) 대화 통역을 할 때는 본문을 보지 않고 녹음을 들으며 통역하세요.
5) 예시답안은 통역연습에서 확인할 수 있습니다.

단락별 실습

01. 1단락 문장구역

C: 贵公司今年推出的产品很有吸引力。我非常喜欢这件牛仔裤，颜色、式样都很好。

K: 이거요? 카탈로그 가격은 소매가고, 도매가는 이 가격보다 15% 쌉니다.

C: 是吗?不过贵公司的价格似乎比其他几家公司高了一点儿，这是为什么呢?

02. 2단락 문장구역

K: 그건 제품 질이나 디자인 때문에 그런 겁니다. 거기다 원가도 작년보다 올랐어요.

C: 我知道你们的成本很高，但我希望能得到七五折。

K: 너무 합니다。이렇게 깎으시면 우린 남는 게 없습니다.

03. 3단락 문장구역

C: 我们接下来的三个月需要采购10000个，如果我们保证给您一年的订单怎么样?

K: 전 아주 그렇게 하고 싶은데, 먼저 윗분 지시를 들어봐야 합니다

K: 이게 우리가 만든 계약서입니다. 미흡한 부분이 있는지 한번 자세히 보십시오.

C: 好，我很满意。我签名。

04. 1, 2, 3단락 대화통역★★ 08-06.mp3

대화통역을 연습하기 위해 문장구역을 한 것입니다. 대화통역은 본 단원의 핵심부분으로 꼭 직접 실습해야 합니다. **텍스트 음성을 들으며** 한국인과 중국인의 대화를 각 단락별로 통역해보세요.

설명

01. 통역에 임할 때는 주제관련 용어를 사전에 예측하여 철저히 준비하는 습관을 들입니다.

예) 의류 거래 통역시 용어 준비

가격흥정 관련용어	카탈로그, 깍다, 원가, 가격, 구입하다, 구매하다, 도매가, 소매가	目录, 折扣, 成本, 价格, 采购, 购物, 批发价, 零售价
제품 관련용어	엑스라지, 미디엄사이즈, 스몰사이즈, 품질, 디자인, 칼라, 스타일	最大号= 特大号, 中号, 小号, 质量, 设计, 颜色, 式样
계약 관련 용어	싸인하다, 계약서, 매력적이다, 만족한다	签名, 合同, 很有吸引力, 很满意

02.쉬운 표현이라도, 모국어 습관에 따라 잘 틀리기 쉬운 표현에 주의합니다. 정도 차를 나타내는 비교문은 한국인이 주의해야 할 부분입니다.

예) 가격이 다른 회사보다 좀 비싼 것 같다. 贵公司的价格似乎比其他几家公司高一点儿
나는 오늘 평소보다 5분늦게 왔다. 我今天比平时晚来五分钟。

한국어 비교 순서: A + B보다+ 차이의 정도 + 결과
중국어 비교 순서: A + 比 B+ 결과 +차이의 정도

한국어 순서는 '차이의 정도+ 결과 (좀 비싸다/ 5분 늦게 왔다)'이나, 중국어 비교문은 '결과+차이의정도(高一点儿/ 晚来五分钟)'임을 주의합니다. 급하다 보면한국어 순서대로 '一点儿高' '五分钟晚来'로 언급하는데 이는 틀린 표현입니다.

03.请示

请示는 윗사람이나 상급기관에 지시를 청하거나 여쭙는 것이며, 지시를 요청하는 공문을 의미하기도 합니다.

예) 윗분 지시를 들어봐야 합니다. 我必须先向我的上司请示。
저는 이 문제에 관해 주임께 여쭤 본 적이 있습니다. 关于这个问题我请示过主任了。

응용실습

01. 핵심 내용 찾기

1) 전체 문단 중 이야기를 비교적 기억하기 쉬운 단락을 선택해보세요
2) 선택한 단락의 내용을 보지 않고 중국어로 다시 말할 수 있도록 핵심어를 표시해보세요.
3) 핵심어는 적을수록 좋습니다. 내용의 흐름을 쉽게 연상시키는 부분만을 표기합니다.
4) 핵심어는 굳이 한자로 쓸 필요는 없고, 간략하게 한글이나 자신만이 아는 기호로 적어도 좋습니다.

1단락

贵公司今年推出的产品很有吸引力。我非常喜欢这件牛仔裤，颜色、式样都很好。

不过贵公司的价格似乎比其他几家公司高了一点儿，这是为什么呢?

핵심어를 선택하여 표시해보세요.[4]

02. 다시 말하기(重述)

1) 본인이 선택한 핵심어를 이용하여 선택한 단락을 중국어로 다시 말해보세요.
2) 암기가 아닙니다. 표현은 다소 달라도 무방하나, 숫자 고유명사 인명 등은 똑같아야 합니다.
3) 다시 말할 때 본인의 음성을 녹음 후 확인하세요.
4) 동일한 방법으로 다른 단락도 연습해보세요.

통역연습

01 예시답안 활용연습

다음 연습방법 중 최소 1가지 방법을 선택하여 연습하며 녹음한 뒤 예시답안과 비교해 보세요.

1) 중중 섀도윙: 중국어 텍스트를 가리고 중국어 음성을 들으며 중국어로 섀도윙 연습을 해보세요.
2) 중한통역: 예시답안 전체를 가리고 중국어 음성을 들으며 한국어로 통역하여 녹음 후 비교해 보세요.
3) 한중통역: 한국어 예시답안을 보며 중국어로 문장구역을 해보세요.

08-07.mp3

텍스트 8-1	예시답안
1) C: 这件皮夹克多少钱?你们最近有什么优惠活动吗?	1) 이 가죽 자켓 얼마예요? 요즘 무슨 특별 이벤트 있나요?
2) K: 30만 원입니다. 어서 오세요, 지금 10%세일 중입니다.	2) 30万元。我们目前在打九折, 欢迎光临!
3) C: 我要是一下买两件, 能不能再打折?	3) 한번에 두벌 사면 더 싸게 해주시나요?
4) K: 좋아요, 인심 썼습니다. 근데, 50만원에 두 벌이면 제가 밑지는 겁니다.	4) 好吧, 豁出去了。50万两件, 不过, 这样我可赔本了。
5) C: 这件褐色的有没有最大号的?	5) 이 갈색은 엑스라지(x-large)있나요?
6) K: 있어요. 곧 찾아 드릴께요。이 걸 사려고 정하신 걸 보면 정말 안목 있으시네요	6) 有, 我马上给您找。您决定买这件东西, 真有眼光。
7) C: 这些都要一个个包装。我希望把它们送到饭店。	7) 따로 따로 포장해서 호텔로 배달해주세요.
8) K: 네, 성함하고 호텔과 룸 넘버 써주세요. 두 시간 뒤면 호텔 프런트로 배달 될 겁니다.	8) 好, 请写下您的名字、饭店和房号。两个小时以后, 会送到您的饭店前台。
9) C: 请问, 要去什么地方才能买到特产品?	9) 어디 가면 특산품 살 수 있나요?
10) K: 백화점에서도 살 수는 있지만, 재래시장에 가시면 더 싸게 살 수 있어요.	10) 在百货商店也能买到, 但如果去老市场, 能买得更便宜点儿。
11) C: 到老市场去购物会不会受骗呢?	11) 재래시장에서 물건사면 속지는 않나요?
12) K: 지금은 안 그래요, 영수증 갖고 가면 반품할 수도 있어요.	12) 现在不会, 带收据的话, 也可以退货。

08-08.mp3

텍스트 8-2	예시답안
1) C: 贵公司今年推出的产品很有吸引力。我非常喜欢这件牛仔裤，颜色、式样都很好。	1) 올해 출시하신 제품이 무척 매력적이네요. 이 청바지 무척 맘에 듭니다, 칼라, 스타일 다 좋은데요.
2) K: 이거요? 카탈로그 가격은 소매가고, 도매가는 이 가격보다 15% 쌉니다.	2) 这件吗?目录上的这件价格是零售价，批发价要比这个价格低百分之十五。
3) C: 是吗?不过贵公司的价格似乎比其他几家公司高了一点儿，这是为什么呢?	3) 그래요? 근데 가격이 다른 회사보다 좀 비싼 것 같은데, 왜 그런 겁니까?
4) K: 그건 제품 질이나 디자인 때문에 그런 겁니다. 거기다 원가도 작년보다 올랐어요.	4) 那是跟产品的质量和设计有关系。再加上成本也就比去年高了。
5) C: 我知道你们的成本很高，但我希望能得到七五折。	5) 원가가 비싼 건 압니다만, 25% 싸게 해주세요.
6) K: 너무 합니다。이렇게 깎으시면 우린 남는 게 없습니다.	6) 太高了。这样的折扣我们就没有利润了。
7) C: 我们接下来的三个月需要采购10000个，如果我们保证给您一年的订单怎么样?	7) 앞으로 3달간 10000개 구입해야 하는데, 일년치 주문을 보장한다면 어떻겠습니까?
8) K: 전 아주 그렇게 하고 싶은데, 먼저 윗분 지시를 들어봐야 합니다	8) 我非常乐意但我必须先向我的上司请示。
9) K: 이게 우리가 만든 계약서입니다. 미흡한 부분이 있는지 한번 자세히 보십시오.	9) 这是我们制定的合同。请仔细过目是否有不清楚的地方。
10) C: 好，我很满意。我签名。	10) 네 만족스럽네요. 사인하겠습니다.

02. 한중 통역 08-09.mp3

한국어를 듣고 중국어로 통역해보세요

1.
2.
3.
4.
5.
6.
7.
8.
9.
10.

03 음성을 잘 듣고 각 문장의 번역이 맞으면 T, 틀리면 F를 기입하세요.

1. 이 가죽자켓은 30만원으로, 25% 세일 중입니다. (   )
2. 앞으로 2달간 15000개 구입해야 하는데, 삼년치 주문을 보장한다면 어떻겠습니까? (   )
3. 계약서상의 가격은 도매가이지 소매가는 아닙니다. (   )
4. 이 검정색청바지 미디엄 사이즈 있나요? (   )

쉬어가기

[황당했던 통역 경험담]

황당해서 기억에 남는 통역이 있습니다. 台湾에서 유학하던 시절 台北에 오신 한국 목사님의 설교를 통역한 적이 있습니다. 여느 때처럼 약속장소로 30여분 미리 도착해서 목사님께 당일 설교 내용을 여쭈어볼 생각이었습니다. 그런데 웬일인지 도착한 교회 앞에는 "오늘 집회 장소는 OOO으로 바뀌었음"이라는 팻말이 붙어있었습니다. 당황한 나머지 확인전화할 생각도 못하고 부랴부랴 20여분간 택시 타고 바뀐 장소로 찾아갔습니다. 도착한 그 교회는 조폭 같은 이들이 입구를 지키고 있었고, 신도들이 울부짖는 예사 교회가 아니었습니다. 일단 들어가면 빠져 나오기도 힘든 그 곳을 어렵사리 변명을 둘러대고 겨우 도망쳐 나와서야 통역을 의뢰한 중국 목사님께 전화를 드렸습니다. 알고 보니, 처음에 찾아간 교회는 원래 제가 가려고 했던 교회의 맞은편에 있던 교회로 이름마저 똑같은 사이비 교회였습니다. 저 같은 이들을 낚기 위해 고의로 동일한 이름을 사용한 교회였던 것이지요. 부랴부랴 다시 택시를 타고, 예정된 통역장소로 갔을 때는 이미 약속시간보다 1시간이나 지나있었습니다. 신도들이 찬송가를 부르며 기다리고 있다가, 제가 들어서자 큰일날뻔 했다고 박수를 쳐주며 맞아주는데 무서웠던 긴장이 풀어지며 눈물이 핑 돌았습니다. 마음을 추스를 여유도 없이 곧 바로 단상에 올라 설교 통역을 했지요. 통역이 끝난 뒤 중국 목사님 사택에서 함께 식사하며 통역료를 받았는데, 나중에 숙소로 돌아오고 나서야 그 통역료를 목사님 댁에 그대로 두고 온 것을 알았습니다. 그 교회는 성전을 새로 짓기 위한 모금을 하던 중이라 아마도 목사님은 제가 헌금을 하고 온 것으로 생각하셨을 겁니다. 왔다갔다 택시 값 쓰고, 시간 쓰고, 놀라고 ……

[1] 정답

1) 优惠活动　2) 要是　3) 再打折　4) 最大号　5) 一个个包装
6) 送到饭店　7) 特产品　8) 老市场　9) 受骗

[2] 핵심어 예

포장 送到/ 写 2 프런트

[3] 정답

1) 推出　2) 很有吸引力　3) 颜色　4) 式样　5) 似乎
6) 成本很高　7) 七五折　8) 接下来　9) 采购　10) 保证给您　11) 签名

[4] 핵심어 예

매력 ♥청바지 ;가격 ↑?

4부 순차통역&노트테이킹 훈련

제9과

노트테이킹

학습목표 ◎ 노트테이킹 개념을 이해하고 통역에 활용할 수 있도록 한다.

▶ 9-1 口译笔记练习(韩语)

한국어 문장을 이용한 노트테이킹 연습

▶ 9-2 口译笔记练习(汉语)

중국어 문장을 이용한 노트테이킹 연습

◎ 노트테이킹 기호 만들기

◎ 노트테이킹을 곁들인 통역실습

노트테이킹 개념

통역할 때 연사의 말이 길어지다 보면 알아듣고도 막상 통역할 때 생각이 안 나는 때가 있습니다. 바로 그런 상황을 방지하고자 통역의 일부 내용을 나름대로 기록하는 것이 노트테이킹입니다. 주로 순차통역에서 사용하는 방법으로 일종의 기억 도우미이자 보조수단입니다. 속기는 모든 내용을 받아 적고 기록한 속기사 외의 다른 속기사도 그 기록을 알아볼 수 있는 반면, 노트테이킹은 통역사가 필요한 부분만 기록하고 그 자신만 알아볼 수 있는 점이 속기와 다릅니다. 그러나, 통역에서 가장 최선의 방법은 최대한 기억에 의존하고 노트테이킹을 최소화하는 것입니다.

노트테이킹 이론

노트테이킹에 관해서는 특별한 정설이나 규칙은 없습니다. 어떤 이는 기억을 연상시키는 작용을 할 수 있는 기호를 써야 한다고 하고, 어떤 이는 기호보다는 문자를 쓰는 것이 더 좋다고 하는 등 여러 이론이 있습니다. 그러나 아직까지는 어떤 특별한 규칙이 있는 것이 아니고, 실제 통역 현장에서 기호나 문자를 적절히 활용해서 자신만이 아는 방법으로 나의 기억을 도울 수 있게 간단히 적으면 됩니다. 다시 말해서 노트테이킹 보다는 듣기에 집중하고 기억하는 것이 훨씬 좋습니다. 다만, 통역할 내용이 너무 많아 기억에 한계가 있을 경우 노트테이킹을 함으로써 통역에 정확성을 더해줍니다.

노트테이킹 샘플

최근 중국이 위치해있는 동북아 지역은	· / C= A`
역동적인 성장을 통해 새로운 세계경제의 중심축으로서	$\overset{2}{\uparrow}$ n W Ec ∮
그 잠재력을 현실화시켜 나가고 있습니다.	·(———) ↗(점선화살)

1) 이것은 어디까지나 샘플로써, 노트테이킹을 위와 같이 많이 할 필요는 없습니다.

가장 좋기는 문장의 핵심어(동북아지역, 성장 중심축, 잠재력)를 기억하고, 이를 위주로 기억한 내용을 덧붙여 통역하는 것이 좋습니다.

2) 노트테이킹은 세로로 짧게 작성하는 것이 좋고, 문장이 끝날 때는 빗금(/) 또는 줄선( )을 그어 말이 바뀜을 표시하여 기억을 돕습니다.

3) 기호설명

·/(최근, 현재 시점(/)에 다가옴을 ·으로 표시함), C (중국, China), A`(동북아, `는 Asia의 동북 방향표시), $\overset{2}{\uparrow}$(역동적 성장), n(new), W Ec (world economy), ∮(중심, 中을 흘려 씀), ·(———)(잠재력, 땅 밑의 점으로 이미지화), ↗(점선화살)(현실화시키며 나가는 방향을 이미지화)

9-1. 口译笔记练习(韩语)

통역준비

텍스트 기호 만들기

텍스트의 핵심어를 아래와 같이 미리 제시합니다.

1) **핵심어를 보고 텍스트 내용을 예측**해보세요.
2) **핵심어를 노트테이킹 기호나 문자 약어로** 만들어 보시기 바랍니다.
   - ·1단락, 2단락 핵심어: 지난 한해, 중국, 한국. 국민, 외국, 차지하다, 금년, 증가
   - ·3단락, 4단락 핵심어: 상대, 문화, 교류하다, 주목하다, 아시아 태평양, 동북아시아, 상호, 협력

용어정리

각 열을 손으로 가리고 그에 대응하는 중국어(또는 한국어) 표현을 생각해 보고 연습하면 좋습니다.

한국어(중국어) 의미	노트테이킹 기호 예
한국韩国	K
중국中国	C
교류(交流)/교환(交换)/협력(合作)	∞
열다(打开)/개방하다(开放)	∪
생각하다(想)/느끼다(觉得)	!
수출出口	口→(나라 國의 간체)/ 또는 出
수입进口	→口/또는 入
무역贸易	Tm (trade mark의 약어)
경제经济	Ec (economy의 약어)
금융金融	Mo(money)
정치政治	G (Government)
사회社会	S (shèhuì, 또는 social의 약어)
문화文化	文
연예演艺	乙(艺에서 艹만 삭제)
오락娱乐	乐

통역실습

1) 메모리&통역실습: 노트테이킹은 하지 않고 각 단락의 한국어 내용을 듣기에만 집중하여 이를 기억하고 그대로 한국어로 재생합니다.
2) 노트테이킹&통역실습: 노트테이킹을 병행하여 한국어 두 단락을 쉼 없이 한 번에 듣고 그대로 한국어로 재생합니다.
3) 예시답안은 통역연습에서 확인할 수 있습니다.

단락별 실습

09-01.mp3

01. 1단락 2단락 메모리&통역실습

1단락 메모리[1] : 노트테이킹 없이 1단락의 한국어 내용을 잘 듣고 기억하여 그대로한국어로 재생합니다.

2단락 메모리[2] : 노트테이킹 없이 2단락의 한국어 내용을 잘 듣고 기억하여 그대로한국어로 재생합니다.

02. 1단락 2단락 노트테이킹&통역실습

핵심어: 지난 한해, 중국, 한국 국민, 외국, 차지하다, 금년, 증가

위의 핵심어를 참고하여 필요시 노트테이킹을 하며 두 단락 전체를 듣고난 뒤 그대로 한국어로 재생합니다.

03. 3단락 4단락 메모리&통역실습

3단락 메모리[3] : 노트테이킹 없이 3단락의 한국어 내용을 잘 듣고 기억하여 그대로 한국어로 재생합니다.

4단락 메모리[4] : 노트테이킹 없이 4단락의 한국어 내용을 잘 듣고 기억하여 그대로 한국어로 재생합니다.

04. 3단락 4단락 노트테이킹&통역실습

핵심어: 상대, 문화, 교류하다, 주목하다, 아시아 태평양, 동북 아시아, 상호, 협력

위의 핵심어를 참고하여 필요시 노트테이킹을 하며 두 단락 전체를 듣고난 뒤 그대로 한국어로 재생합니다.

설명

01. 모국어일지라도 특별한 스토리가 없는 설명적 내용이나 수치를 밝히는 내용은 듣고도 이를 기억하여 그대로 재생하기는 쉽지 않습니다. 숫자는 기록하는 것이 좋습니다.

02. 1단락 2단락 내용 및 노트테이킹 예:

1단락 내용

지난 한 해 동안 중국을 방문한 한국 국민은 129만 여명으로 중국을 방문한 외국관광객 중에서 두 번째를 차지했고, 금년에는 그 숫자가 더욱 증가하였습니다.

2단락 내용

한국에는 한국 식당 다음으로 두 번째로 중국음식점이 많이 있는데 전국적으로 2만 7천여 개소에 달하는 것으로 추정됩니다.

위의 내용을 아래와 같이 많이 적을 필요는 없습니다. 다만 머릿속 개념을 기호화하는 과정을 참고하시기 바랍니다.

1단락	2단락	기호설명
$\underline{\text{Y}}$ C K人, 129万 ≒ $\overline{\text{口}}$, 2 Y‾n, $\overset{2}{\uparrow}$//	K 2 C 2万7ぅ	$\underline{\text{Y}}$(지난 한해, Year밑에 아래 줄로 작년을 표시), C(중국), K人(한국인, 한국국민) 129万≒(129만 여명) $\overline{\text{口}}$(외국), 2Y‾(올해, Year에 가운데 줄로 올해를 표시) n(숫자, number), $\overset{2}{\uparrow}$(더욱 증가)// K(한국) 2(두번째) C (중국) 2万7ぅ(ぅ은 천의 ㅊ을 흘려 씀)

03. 3단락 4단락 내용 및 노트테이킹 예:

3단락 내용

지금 한·중 양국에서는 "韓流"와 "漢流"로 상징되는 상대국 문화에 대한 열풍이 불고 있습니다. 이는 한중 교류협력에 있어서 매우 주목할 만한 일이라고 생각합니다.

4단락 내용

21세기 아시아·태평양 시대를 열어가는 데 있어 동북아시아의 중심국가인 한국과 중국은 이런 흐름들 속에서 상호이해와 협력의 폭을 더욱 깊게 할 수 있을 것입니다.

3단락	4단락	기호설명
C K ~류 文 / = C K ∞ ⌒̣2 //	21 AP ∪ A` ∮ KC 氵 合 ↓²	C(중국) K(한국) ~류("韓流"와 "漢流") 文(문화) /(문장 끝남을 표시) = (이는…와 동격임을 표시) C K ∞(교류 협력) ⌒̣2 (매우 주목) // (단락끝), AP(아시아 태평양) ∪(열다) A`(동북아시아) ∮(중심) KC(한국 중국) 氵(흐름, 흐를流의 부수氵), 合 (협력) ↓² (더욱깊게)

9-2. 口译笔记练习(汉语)

통역준비

텍스트 기호 만들기

텍스트의 핵심어를 아래와 같이 미리 제시합니다.

1) **핵심어를 보고 텍스트 내용을 예측**해보세요.

2) **핵심어를 노트테이킹 기호나 문자 약어로** 만들어 보시기 바랍니다.

· 1단락, 2단락 핵심어: 국민, 유행(时尚), 왕래, 극히, 편리하다

· 3단락, 4단락 핵심어: 유행가, 영화 드라마, 사랑, 세계, 개업하다

용어정리

09-02.mp3

각 열을 손으로 가리고 그에 대응하는 중국어(또는 한국어) 표현을 생각해 보고 연습하면 좋습니다.

매일 평균	日均 rìjūn
일정 기간 동안 사람 수 총계	人次 réncì
날이 갈수록 유행이 되다	日益成为时尚 rìyì chéngwéi shíshàng
선반/(비행기를 세는)양사	架 jià
정기 항공편	航班 hángbān
편리하게 하다/ 편하다	方便 fāngbiàn
유행가, 팝송	流行歌曲 liúxíng gēqǔ
영화 TV 드라마	影视剧 yǐngshìjù (=电影、电视和戏剧)
방영하다, 상영하다	播放 bōfàng
공자(孔子)학원	孔子学院 Kǒngzǐ xuéyuàn
완공되어 간판을 걸다, 개업하다	落成挂牌 luòchéng guàpái
문화를 체험하다	体验文化 tǐyàn wénhuà
창구	窗口 chuāngkǒu

통역실습

1) 문장구역: 소리내어 읽기는 생략합니다. 각 단락의 중국어 문장을 보면서 동시에 상대방과 대화하듯 한국어로 자연스럽게 통역합니다.
2) 노트테이킹&통역실습: 노트테이킹을 병행하여 중국어 두 단락을 쉼 없이 한 번에 듣고 난 뒤 한국어로 통역합니다.
3) 예시답안은 통역연습에서 확인할 수 있습니다.

단락별 실습 09-03.mp3

01. 1단락 2단락 문장구역

1단락

中韩两国人员往来日均达万人次，有几十万人在对方国家学习、工作和生活。两国国民选择到对方国家留学日益成为时尚。

2단락

目前在华韩国留学生人数约4.3万名，在韩中国留学生也近万名，分别占对方国家外国留学生首位。双方每周有850多架次航班来往于两国之间，极大方便了两国国民的往来。

02. 1단락 2단락 노트테이킹&통역실습

핵심어: 국민, 유행(时尚), 왕래, 극히, 편리하다

03. 3단락 4단락 문장구역

3단락

韩国流行歌曲和影视剧作品受到许多中国人，特别是年轻人的喜爱。据统计，过去两年中，中国各地电视台共播放韩国电影电视剧359部，名列外国影视剧播放量的第一位。

4단락

同时，世界上第一个中国孔子学院和亚洲第一个中国文化中心在首尔落成挂牌，这为韩国朋友提供了不出国门就能了解体验中国文化的窗口。

04. 3단락 4단락 노트테이킹 & 통역실습

3단락 4단락 핵심어: 유행가, 영화 드라마, 사랑, 세계, 개업하다

설명

01. 통역은 무엇보다 집중해서 듣고 기억하는 것이 최선입니다.

다만, 노트테이킹이 필요 할 경우엔 숫자나 고유명사 외에 본인의 기억을 연상시킬 수 있는 연결어를 기록하면 좋습니다. 예를 들어 '왜냐하면' '따라서' '그러면' 등과 같은 인과관계를 나타내는 표현, 또는 '그러나' '다행히도'와 같은 전환대조의 표현은 다음 내용을 쉽게 연상시켜주므로 이러한 연결어만 간단히 적는 것도 효과적입니다.

02. 1단락 2단락 노트테이킹 예:

아래와 같이 많이 적을 필요는 없습니다. 다만 머릿속 개념을 기호화하는 과정을 참고하시기 바랍니다.

1단락	2단락	기호설명
CK人 ⇄ 1日 万, 几十万 배~/ 양人 유 氵//	≒ 43000; C ≒ 万 각1/ 850여 ^.^	⇄(왕래), 万(숫자 만), 几十万(수십만) 배~(배우고 공부하고 생활한다), 양人(양국인) 유(유학) 氵(유행) // (단락 끝남), ≒ (약), 각(각기, 分别), ^.^(편리하다, 좋다)

03. 3단락 4단락 노트테이킹 예:

3단락	4단락	기호설명
K 氵가 TV=C 人 ♡/ 통 2Y C 359 □̄ 1 //	=w 1 공 A1 C文 S 为K ↑	氵가(유행가) TV=C 人(중국 젊은이) ♡(사랑) /(문장끝) 통(통계) 2Y(지난 2년) C 359 □̄(외국) 1(1위) //(단락 끝) =(동시에) w 1 공(공자학원) A1(아시아 1위) C文(중국문화센터) S(서울) 为K(한국인을 위하여) ↑(제공 창구)

통역연습

01. 예시답안 활용연습

다음 연습방법 중 최소 1가지 방법을 선택하여 연습하며 녹음한 뒤 예시답안과 비교해 보세요.

1) 중중 셰도윙: 중국어 텍스트를 가리고 중국어 음성을 들으며 중국어로 셰도윙 연습을 해보세요.

2) 중한통역: 예시답안 전체를 가리고 중국어 음성을 들으며 한국어로 통역하여 녹음 후 비교해 보세요.

3) 한중통역: 한국어 예시답안을 보며 중국어로 문장구역을 해보세요.

09-04.mp3

텍스트 9-1	예시답안
1) 지난 한해 동안 중국을 방문한 한국 국민은 129만 여명으로 중국을 방문한 외국관광객 중에서 두 번째를 차지했고, 금년에는 그 숫자가 더욱 증가하였습니다. 2) 한국에는 한국식당 다음으로 두 번째로 중국음식점이 많이 있는데 전국적으로 2만 7천여 개소에 달하는 것으로 추정됩니다. 3) 지금 한·중 양국에서는 "韓流"와 "漢流"로 상징되는 상대국 문화에 대한 열풍이 불고 있습니다. 이는 한중 교류협력에 있어서 매우 주목할 만한 일이라고 생각합니다. 4) 21세기 아시아·태평양 시대를 열어가는 데 있어 동북아시아의 중심국가인 한국과 중국은 이런 흐름들 속에서 상호이해와 협력의 폭을 더욱 깊게 할 수 있을 것입니다.	*한국어는 따로 답안이 없습니다. 1) 메모리 연습: 각 문단이 끝날 때마다 기억하여 보지 않고 그대로 얘기해보세요. 2) 노트테이킹 연습: 노트테이킹을 하면서 두 문단을 듣고 그대로 얘기해보세요.

09-05.mp3

텍스트 9-2	예시답안
1) 中韩两国人员往来日均达万人次，有几十万人在对方国家学习、工作和生活。两国国民选择到对方国家留学日益成为时尚。 2) 目前在华韩国留学生人数约4.3万名，在韩中国留学生也近万名，分别占对方国家外国留学生首位。双方每周有850多架次航班来往于两国之间，极大方便了两国国民的往来。 3) 韩国流行歌曲和影视剧作品受到许多中国人，特别是年轻人的喜爱。据统计，过去两年中，中国各地电视台共播放韩国电影电视剧359部，名列外国影视剧播放量的第一位。 4) 同时，世界上第一个中国孔子学院和亚洲第一个中国文化中心在首尔落成挂牌，这为韩国朋友提供了不出国门就能了解体验中国文化的窗口。	1) 중한 양국인은 하루 왕래 인원이 평균 만 명에 달하며, 수십만 명이 상대국에서 공부하거나 일하고 생활합니다. 양국 국민이 상대국을 유학지로 선택하는 경우가 갈수록 유행하고 있습니다. 2) 현재 중국에 유학한 한국학생은 4만3천명이고, 한국내 중국 유학생은 약 만 명으로, 각기 상대국에서 외국 유학생 1위를 차지하고 있습니다. 양국은 서로간에 정기 운항기가 매주 850여 차례 왕래하여 양국 국민은 왕래하기가 상당히 편리해졌습니다. 3) 한국 유행가나 영화 드라마는 중국인들 특히 젊은 층의 사랑을 받고 있습니다. 통계에 따르면, 과거 2년간 중국 각지에서 방영된 한국영화나 드라마는 359편으로 외국 영화 드라마 방영 1위입니다. 4) 동시에, 세계에선 처음으로 서울에 중국 공자학원을 또 아시아에선 처음으로 중국 문화센터를 오픈하여, 한국 친구들이 출국하지 않고도 중국문화를 이해하고 체험할 수 있는 창구를 마련했습니다.

02. 한중 통역 09-06.mp3

한국어를 듣고 중국어로 통역해보세요

1.
2.
3.
4.
5.
6.
7.
8.
9.
10.

03. 음성을 잘 듣고 각 문장의 번역이 맞으면 T, 틀리면 F를 기입하세요.

1. 통계에 따르면, 현재 중국에 있는 한국 유학생 수는 약 43000명이다. (　　)
2. 매일 새롭고 매달 다르게 진보한다. (　　)
3. 세계에서 두 번째로 프랑스에 공자학원이 오픈되었다. (　　)
4. 한국 유행가나 영화 드라마는 중국인들 특히 젊은 층의 사랑을 받고 있습니다. (　　)

쉬어가기

['걷다'는 중국어로?]

96년에 중국학생들에게 1학기간 한국어를 가르친 적이 있습니다.92년에 한중 수교가 맺어졌으니 민간인으로는 비교적 빠르게 한국에 온 학생들이었습니다. 당시중국 대륙의 실제 상황을 직접 듣고 느껴볼 수 있는 기회여서 저도 설레었습니다. 대륙에서 1-2년 정도 한국어를 배웠다고 했는데, 이 학생들의 한국어 수준이 어느 정도인지 파악해서 교재 수준을 조절하려고 첫 시간에 간단한 테스트를 했습니다. 아주 쉬운 단어부터 중간 수준 고급 문장에 이르기까지 유형별로 한→중 중→한 문제를 풀게 했는데, 그중 '걷다'는 제1번으로 가장 쉽다고 출제한 문제였습니다.

그런데 희한한 것은 30여명 가운데 단 2명만이 '걷다'를 '走'라고 썼고, 나머지 학생들은 한결같이 '收获(수확)'를 쓴 것이었습니다. "왜 그럴까? …" 그러고 보니 우리 말 '걷다'는 '(어느 장소를) 걷다·(빨래를) 걷다·(돈을) 걷다·(소매를) 걷다' 등으로 아주 다양하게 쓰이고 있었습니다. 그런데, 그 중국 학생들은 왜 유독 '收获(수확)'을 제일 먼저 떠 올린 것일까? 의아하게 여기다 혼자 웃음 짓고만 기억이 납니다.

그 학생들은 생산과 수확을 중시하는 사회주의 국가에서 언어를 습득한 것이기에, '걷다' 하면 맨 먼저 떠오른 것이 '(벼를) 걷다' '(무를) 걷다'와 같이 '(풍성한 수확을) 걷는다"는 의미를 떠올린 것이지, '(자유롭게 어딘가를) 걷다'를 생각한 것은 아니었습니다. 물론 그 당시 대륙 학생들은 북한에서 만든 "朝中辞典"으로 학습한 영향도 있겠지만, 여행도 자유롭지 않은 시절 집단경제 발전을 우선순위에 두던 사회상이 언어에도 투영된 결과라 하겠습니다. 한 단어에도 여러 가지 의미가 있고, 그 중 경우에 따라 가장 자연스러운 표현을 선택하는 센스를 키우려면 학습하는 언어가 속한 사회의 문화나 당시시대상을 잘 이해해야 한다는 사실을 재차 확인한 순간이었습니다. 요즘 오는 중국 학생들은 '걷다'를 질문하면 대번에 '走'라고 대답합니다.^^

[1] 1단락 내용

지난 한 해 동안 중국을 방문한 한국 국민은 129만 여명으로 중국을 방문한 외국관광객 중에서 두 번째를 차지했고, 금년에는 그 숫자가 더욱 증가하였습니다.

[2] 2단락 내용

한국에는 한국 식당 다음으로 두 번째로 중국음식점이 많이 있는데 전국적으로 2만 7천여 개소에 달하는 것으로 추정됩니다.

[3] 3단락 내용

지금 한·중 양국에서는 "韓流"와 "漢流"로 상징되는 상대국 문화에 대한 열풍이 불고 있습니다. 이는 한중 교류협력에 있어서 매우 주목할 만한 일이라고 생각합니다.

[4] 4단락 내용

21세기 아시아·태평양 시대를 열어가는 데 있어 동북아시아의 중심국가인 한국과 중국은 이런 흐름들 속에서 상호이해와 협력의 폭을 더욱 깊게 할 수 있을 것입니다.

제10과

중한 순차통역 (일반)

학습목표 ◎ 노트테이킹을 수반한 중한 순차통역 실습

▶ 10-1 北大校长演讲 북경대 총장 연설

▶ 10-2 中国国家旅游局局长致词 중국관광청 국장 인사말

◎ 용어정리의 용어를 활용하여 내용 예측 및 기호화 작업을 해봄

◎ 통역도전-연습문제: 동일주제로 학습하지 않은 내용을 통역

10-1. 北大校长演讲

통역준비

텍스트 내용 예측 및 기호 만들기(1)

01. 한국에 내한한 중국 대학 총장님의 연설을 통역하게 되었다고 가정해봅니다. 주제는 대학생의 전공 선택 및 대학의 임무입니다. '용어정리'의 용어를 활용하여 통역할 내용을 미리 예측하여 중국어(또는 한국어)로 말해보는 연습을 해보세요.
02. '용어정리'의 일부 용어를 선택하여 기호나 문자 약어로 만들어 보시기 바랍니다.

용어정리 10-01.mp3

각 열을 손으로 가리고 그에 대응하는 중국어(또는 한국어) 표현을 생각해 보고 연습하면 좋습니다.

고등학교 졸업생	高中毕业生 gāozhōng bìyèshēng
괴롭다 고통스럽다	苦恼 kǔnǎo
이과	理科 lǐkē
문과	文科 wénkē
상담하다	商量 shāngliáng
~로 바꾸다/~로 돌다	转到 zhuǎndào
전과하다	转系 zhuǎnxì
한걸음씩, 점차적으로	逐步地 zhúbù de
전공/ 전문업무	专业 zhuānyè
애처롭다 슬프다	可悲 kěbēi
계산하여 비교하다/ 따지다	计较 jìjiào
한평생	一辈子 yíbèizi
단위/ 기관 회사	单位 dānwèi

통역실습

1) 문장구역: 문장을 보면서 동시에 상대방과 대화하듯 단락별로 자연스럽게 통역합니다. 학습자의 상황에 따라 문장구역은 생략하고 직접순차통역을 할 수도 있습니다.
2) 순차통역: 간략하게 노트테이킹을 하며 두 단락을 쉼 없이 한 번에 듣고 난 뒤 통역합니다.
3) 예시답안은 통역연습에서 확인할 수 있습니다.

단락별 실습

01. 1단락 2단락문장구역

1단락

我问高中毕业生为什么要考我们学校，他们讲不出，说是爸爸妈妈叫他们考的，因为我们大学是名校。所以，很多同学到我们学校之后一年两年，都不知道要学什么。

2단락

我记得几年前有一位女同学写信给我。她说自己觉得非常苦恼，原来她在理科学习，成绩非常优秀，可她却希望转到文科去。我就和我们教务处商量。

02. 1단락 2단락 순차통역[2] 10-02.mp3

단락 전체를 듣고 순차통역 해보세요. 노트테이킹은 가급적 세로로 적게 쓸수록 좋습니다. 받아쓰기가 아닙니다. 내용을 쉽게 떠올릴 수 있도록 일부만 표기합니다.

03. 3단락 4단락 문장구역

3단락

当然，这几年我们转系的比例，已经从原来的3%提高到10%，我希望今后逐步地来增加学生选择自己专业的机会。如果你到我们大学来再要计较自己要不要考99分、100分的话，那太可悲了。

4단락

今天的社会变化太快了，很少有一个人一辈子就在一个单位工作。所以我们必须使年轻人能够应对这种变化的社会，这是大学的任务。

04. 3단락 4단락 순차통역[3]

단락 전체를 듣고 순차통역 해보세요. 노트테이킹은 가급적 세로로 적게 쓸수록 좋습니다. 받아쓰기가 아닙니다. 내용을 쉽게 떠올릴 수 있도록 일부만 표기합니다.

설명

01. 他们讲不出，说是爸爸妈妈叫他们考的，因为我们大学是名校。

통번역을 할 때는 '他们'을 그들로 하지 않도록 주의합니다. 그 대상을 밝혀 통역하는 것이 한국어의 습관에 적합합니다.

예) 그들은 → 그 학생들은

'是~的'는 강조용법으로 '~한 것'에 해당하며, '因为我们大学是名校'를 글의 순서대로 맨 뒤에 통역하기 보다는 '우리 학교가 명문대라 부모님이 시험보라고 하셔서~'처럼 통역해도 자연스럽습니다.

02. 노트테이킹을 할 때 단락이 끝난 부분은 길게 가로줄( ) 또는 빗금(|)을 크게 그어 단락 내용이 끝남을 표시합니다.

03. 노트테이킹은 꼭 기호로 적을 필요는 없습니다.

기억을 보조하는 차원에서 숫자나 고유명사 등만을 본인이 편한 방식으로 한글 또는 한자로 기입해도 좋습니다.

예) 여학생→女 , 이과 문과→ 이 문, 부모→♂♀

04. 我们必须使年轻人能够应对这种变化的社会，这是大学的任务。

통번역을 할 때는 使나 这 등의 단어는 가급적 생략하고 자연스럽게 하는 것이 좋습니다. 즉 '젊은이들로 하여금/ 이것이~'등의 통역 보다는 "젊은이들이 사회변화에 대응하도록 하는 것이 대학의 임무입니다"로 한 문장으로 이어서 통역하는 것이 좋습니다.

응용실습

01. 다시 말하기(重述)

1) 전체 문단 중 이야기를 비교적 기억하기 쉬운 단락을 선택해보세요
2) 선택한 단락의 내용을 중국어로 다시 말해보세요.

02. 텍스트 확인 ( ) 넣기 10-03.mp3

음성을 들으며 빈칸에 들어갈 단어를 적어 보세요.

<北大校长演讲>[4]
我问高中毕业生为什么要考我们学校，他们(①______)，说是爸爸妈妈叫他们考的，因为我们大学是(②______)。所以，很多同学到我们学校之后一年两年，都不知道要学什么。 我记得几年前有一位女同学写信给我。她说自己觉得非常(③______)，原来她在(④______)学习，(⑤______)非常优秀，可她却希望(⑥______)去。我就和我们(⑦______)商量。 当然，这几年我们(⑧______)，已经从原来的3%(⑨______)10%，我希望今后(⑩______)来增加学生(⑪______)自己专业的机会。如果你到我们大学来(⑫______)自己要不要考99分、100分的话， 那太可悲了。今天的社会变化太快了，很少有一个人(⑬______)就在一个(⑭______)工作。所以我们必须使年轻人能够(⑮______)这种变化的社会，这是大学的(⑯______)。((来源:《前北大校长许智宏演讲:《弘扬大学精神，培养创新人才》)

10-2. 中国国家旅游局局长致词

통역준비

텍스트 내용 예측 및 기호 만들기

01. 관광산업의 특징과 전망을 언급하는 인사말을 통역하게 되었다고 가정해봅니다. '용어정리'의 용어를 활용하여 통역할 내용을 미리 예측하여 중국어(또는 한국어)로 말해보는 연습을 해보세요.
02. '용어정리'의 일부 용어를 선택하여 기호나 문자 약어로 만들어 보시기 바랍니다.

용어정리 10-04.mp3

각 열을 손으로 가리고 그에 대응하는 중국어(또는 한국어) 표현을 생각해 보고 연습하면 좋습니다.

여행업	旅游业 lǚyóuyè
관련도	关联度 guānliándù
보유하다(=具有)	拥有 yōngyǒu
발전 전망, 비젼(vision)	发展前景 fāzhǎn qiánjǐng
유망산업	朝阳产业 zhāoyángchǎnyè
경제 글로벌화	经济全球化 jīngjì quánqiúhuà
과학 기술	科技(科学技术) kēxué jìshù
매일 새롭고 매달 다르다	日新月异 rìxīnyuèyì
정보화	信息化 xìnxīhuà
나날이	日益 rìyì
다리를 세우다	架起桥梁 jiàqǐ qiáoliáng
소통하다	沟通 gōutōng

통역실습

1) 문장구역: 문장을 보면서 동시에 상대방과 대화하듯 단락별로 자연스럽게 통역합니다. 학습자의 상황에 따라 문장구역은 생략하고 직접순차통역을 할 수도 있습니다.
2) 순차통역: 간략하게 노트테이킹을 하며 두 단락을 쉼 없이 한 번에 듣고 난 뒤 통역합니다.
3) 예시답안은 통역연습에서 확인할 수 있습니다.

단락별 실습

01. 1단락 2단락문장구역

1단락

旅游业是世界上发展最快的新兴产业之一，具有综合性强、关联度大、对其他相关产业和行业促进作用明显的特点。

2단락

旅游业拥有发展前景好的优势，被誉为“永远的朝阳产业”。随着人民生活水平不断提高，旅游业已经成为国民经济的重要产业。

02. 1단락 2단락 순차통역[5] 10-05.mp3

단락 전체를 듣고 순차통역 해보세요. 노트테이킹은 가급적 세로로 적게 쓸수록 좋습니다. 받아쓰기가 아닙니다. 내용을 쉽게 떠올릴 수 있도록 일부만 표기합니다.

03. 3단락 4단락문장구역

3단락

当今世界，经济全球化进程加快，科技进步日新月异，信息化建设正日益影响着人民的生活，也影响着中国旅游业发展。

4단락

我们期待，通过这一网站，能与海内外旅游企业、旅游消费者之间，架起一座沟通的桥梁，让旅游更好地服务社会。

04. 3단락 4단락 순차통역[6]

단락 전체를 듣고 순차통역 해보세요. 노트테이킹은 가급적 세로로 적게 쓸수록 좋습니다. 받아쓰기가 아닙니다. 내용을 쉽게 떠올릴 수 있도록 일부만 표기합니다.

설명

01.관광산업을 언급한 이번 텍스트와 같이 특별한 스토리가 없어서 기억하기가 쉽지 않은 경우엔 각별히 집중하여 듣는 것이 좋습니다.

또한 지나친 노트테이킹은 오히려 방해가 되므로 전체적인 주제를 기억하면 통역에 도움이 됩니다. 즉 1, 2단락은 아, 관광산업의 성격을 언급하고 있구나; 3, 4단락은 세계적 추세와 관광산업의 비전을 얘기했네 하는 식으로 크게 기억하면 좋습니다.

02. 具有~特点/ 拥有~优势/ 成为~重要产业/ 架起一座~桥梁 등과 같이 수식어를 제외하고 동사에 유의하여 문장을 파악하는 연습은 한중 통역에 도움이 됩니다.

03. 被誉为"永远的朝阳产业"

朝阳(cháoyáng: 태양을 향하다/ zhāoyáng: 전도유망하다): 발음에 주의합니다.

被誉为: ~로 (영예롭게) 일컬어지다/ 被称为로 쓰이기도 합니다.

04. 让旅游更好地服务社会

让과 같은 사역동사는 중한통역에선 통역하지 않도록 주의합니다. 단 역으로 한중 통역에선 让과 같은 사역동사를 잘 활용하도록 합니다. 즉, 한국어에서 "~는 ~이 ~가 되도록 했다", "~는 ~더러 ~하게 한다"와 같은 구조에서 사역동사를 활용하면 좋습니다.

예) 사장님이 저더러 이 일을 알려주라고 하셨습니다. 总经理让我告诉你这件事。
직업 탓에 나는 문학에 가까워졌다. 我的职业使我接近文学。

응용실습

01. 다시 말하기(重述)

1) 전체 문단 중 이야기를 비교적 기억하기 쉬운 단락을 선택해보세요
2) 선택한 단락의 내용을 중국어로 다시 말해보세요.

02. 텍스트 확인 ( ) 넣기 10-06.mp3

음성을 들으며 빈칸에 들어갈 단어를 적어 보세요.

<中国国家旅游局局长致词>[7]
(①______)是世界上发展最快的(②_______)之一，具有综合性强、(③_______)大、对其他相关产业和(④_______)促进作用(⑤______)的特点。旅游业拥有(⑥_______)好的优势，(⑦_______)"永远的朝阳产业"。随着人民生活水平不断提高，旅游业已经成为国民经济的重要产业。当今世界，经济(⑧_______)进程加快，(⑨_______)日新月异，(⑩______)建设正日益影响着人民的生活，也影响着中国旅游业发展。我们(⑪______)，通过这一网站，能与海内外旅游企业、旅游消费者之间，(⑫______)一座沟通的桥梁，让旅游更好地服务社会。(来源:中国国家旅游局网站)

통역연습

01. 예시답안 활용연습

다음 연습방법 중 최소 1가지 방법을 선택하여 연습하며 녹음한 뒤 예시답안과 비교해 보세요.

1) 중중 섀도잉: 중국어 텍스트를 가리고 중국어 음성을 들으며 중국어로 섀도잉 연습을 해보세요.
2) 중한통역: 예시답안 전체를 가리고 중국어 음성을 들으며 한국어로 통역하여 녹음 후 비교해 보세요.
3) 한중통역: 한국어 예시답안을 보며 중국어로 문장구역을 해보세요..

10-07.mp3

텍스트 10-1	예시답안
我问高中毕业生为什么要考我们学校，他们讲不出，说是爸爸妈妈叫他们考的，因为我们大学是名校。所以，很多同学到我们学校之后一年两年，都不知道要学什么。 我记得几年前有一位女同学写信给我。她说自己觉得非常苦恼，原来她在理科学习，成绩非常优秀，可她却希望转到文科去。我就和我们教务处商量。 当然，这几年我们转系的比例，已经从原来的3%提高到10%，我希望今后逐步地来增加学生选择自己专业的机会。如果你到我们大学来再要计较自己要不要考99分、100分的话，那太可悲了。今天的社会变化太快了，很少有一个人一辈子就在一个单位工作。所以我们必须使年轻人能够应对这种变化的社会，这是大学的任务。	고등학생들한테 왜 우리 학교에 응시했는지 질문하면 대답을 못하고, 우리 대학이 명문대라 부모가 시험보라고 해서 왔다고 대답합니다. 그래서, 대다수 학생들은 입학 후 1, 2년은 뭘 공부해야 할지를 모릅니다. 몇 년 전에 한 여학생이 너무 괴롭다고 편지를 보낸 적이 있습니다. 원래는 이과생으로 성적이 아주 우수했지만, 문과로 전과하기를 원해서, 저는 교무과와 상의했습니다. 물론, 요 몇 년간 전과율이 이미 3%에서 10%로 상승했고, 학생들이 앞으로 자신의 전공을 선택하는 기회가 점점 많아지길 바랍니다. 우리 대학에 와서까지 99점, 100점에 매달린다면 정말 딱한 노릇이지요. 오늘날 사회는 상당히 빠르게 변해서, 한평생 한 직장에서만 일하는 사람은 거의 없습니다. 때문에 우리는 젊은이들이 이런 사회적 변화에 대응할 수 있도록 해야겠고, 이것이 대학이 할 일입니다.

10-08.mp3

텍스트 10-2	예시답안
旅游业是世界上发展最快的新兴产业之一，具有综合性强、关联度大、对其他相关产业和行业促进作用明显的特点。旅游业拥有发展前景好的优势，被誉为"永远的朝阳产业"。随着人民生活水平不断提高，旅游业已经成为国民经济的重要产业。当今世界，经济全球化进程加快，科技进步日新月异，信息化建设正日益影响着人民的生活，也影响着中国旅游业发展。我们期待，通过这一网站，能与海内外旅游企业、旅游消费者之间，架起一座沟通的桥梁，让旅游更好地服务社会。	관광업은 세계적으로 가장 빠르게 발전하는 신흥 산업의 하나로 종합적이며 관련 분야가 넓고, 기타 관련 산업이나 업종을 발전시키는 역할이 두드러지는 특징을 지니고 있습니다. 관광산업은 전망이 밝은 장점을 지니고 있어서 '영원한 유망산업'으로 일컬어집니다. 국민 생활수준이 끊임없이 높아짐에 따라, 관광업은 이미 국민 경제 주요산업이 되었습니다. 오늘날 경제 글로벌화와 나날이 발전하는 과학기술 및 정보화는 갈수록 사람들의 삶에 영향을 끼치고 있으며, 중국관광업 발전에도 영향을 주고 있습니다. 우리는 이 홈페이지가 국내외 관광기업이나 관광 소비자들과 소통하는 다리가 되어 관광이 사회에 더욱 이바지할 수 있기를 기대합니다.

02. 한중 통역 10-09.mp3

한국어를 듣고 중국어로 통역해보세요

1.

2.

3.

4.

5.

6.

7.

8.

9.

10.

03. 음성을 잘 듣고 각 문장의 번역이 맞으면 T, 틀리면 F를 기입하세요.

1. 요 몇 년간 전과율이 3%에서 10%로 상승했습니다. (   )
2. 관광산업은 "영원한 유망산업"으로 일컬어집니다. (   )
3. 오늘날 경제 글로벌화와 나날이 발전하는 과학기술 및 정보화는 갈수록 중국관광업 발전에도 영향을 주고 있습니다. (   )
4. 젊은이들 이사회적 변화에 대처하도록 하는 것이 기업의 임무입니다. (   )

04. 통역 도전

텍스트 일부를 변형한 내용입니다. 음성을 잘 듣고 통역해 보세요.

1.

2.

쉬어가기

["거침없이 하이킥"은 중국어로?]

번역은 문화의 이식(移植)산업으로 사전에만 의존해서 할 수 있는 것은 아닙니다. 상호간 문화적 배경이나 관용구 일상적 표현 등에도 항상 주의를 기울여서 읽었을 때 쉽게 이해할 수 있는 표현으로 번역하는 것이 좋습니다.

"거침없이 하이킥"은 초기에는 "不可阻挡(zǔ dǎng:차단하다/ 저지하다)地High-Kick"으로 번역되었지요. 즉 글자 액면 그대로 충실하게 번역된 예라 하겠습니다. 그러나, 중국어 제목으로선 다소 껄끄러운 면이 없지 않아서, 나중에는 "搞笑一家人"으로 제목이 바뀌어 방영되었습니다. 만약 "搞笑一家人"이란 제목의 중국어 드라마를 한국어로 다시 번역한다면 "온 가족 한바탕 웃음"정도가 될 터인데, 번역에 또 번역을 거듭하다 보면(즉 重譯 chóngyi)원어의 묘미는 많이 사라지게 되는 법입니다.

[1]

통역 연습이 보다 익숙해진 본 단원부터는 텍스트 ( )넣기는 응용실습에서 확인합니다. 가급적 텍스트를 미리 듣지 않고 현장감을 높이기 위함입니다.

[2] 1, 2단락 노트테이킹 예

고 Q ? ∵ 유명대 부모...∴ 1-2, X)// 几女괴, 이↑; 문 상의

기호설명: 고(고교) Q(질문) ?(왜) X(몰라)

[3] 3, 4단락 노트테이킹 예

几 ∽ 3→10/h↑ 선택 if 99 100 ㅠㅠ// s $\overset{2}{\uparrow}$ 1 1 난 ∴ ㄲ~임무

기호설명: ∽ (전과) / h(hope) ㅠㅠ (슬프다 안타깝다) s(society) $\overset{2}{\uparrow}$(너무 빠르다) 난(어렵다) ㄲ(꼭, 必须)

[4] 정답

1) 讲不出	2) 名校	3) 苦恼	4) 理科	5) 成绩	
6) 转到文科	7) 教务处	8) 转系的比例	9) 提高到	10) 逐步地	
11) 选择	12) 再要计较	13) 一辈子	14) 单位	15) 应对	16) 任务

[5] 1, 2단락 노트테이킹 예

여= 신흥1 종↑ 关↑ ~촉 특징// 여= 전망 유망 생↑..=N 산업

기호설명: 关 (관련도) ↑(증가, 발전, 제고 등 의미에 활용) N (National)

[6] 3, 4단락 노트테이킹 예

w EcG St I 생 여 영향// 기대 ↔ ↔ 교량 ☺

기호설명: w(세계, world) EcG(경제 글로벌화 Economy Globa ·) St(과학기술, sciencetechnology) I(정보화, 인터넷에서 따옴) ↔(~와의 사이, '국내외 관광기업이나 관광소비자들과' 그 대상이 2번 있으므로 기호를 두 번 사용함)☺(이바지, 서비스, 기분 좋음 등에 활용)

[7] 정답

1) 旅游业	2) 新兴产业	3) 关联度	4) 行业	5) 明显	6) 发展前景
7) 被誉为	8) 全球化	9) 科技进步	10) 信息化	11) 期待	12) 架起

제11과

중한 순차통역 (사회 문화)

학습목표 ◎ 사회 문화를 주제로 노트테이킹을 수반한 중한 순차 통역연습

▶ 11-1 911幸存者谈话 911 테러 생존자 대담

▶ 11-2 中国文化创意产业发展论坛
중국 문화창조산업 발전포럼대담

◎ 용어정리의 용어를 활용하여 내용 예측 및 기호화 작업을 해봄

◎ 통역도전-연습문제: 동일주제로 학습하지 않은 내용을 통역

11-1. 911幸存者谈话

통역준비

텍스트 내용 예측 및 기호 만들기

01. 911 테러 사건에서 생존한중국인 인터뷰를 통역하게 되었다고 가정해봅니다. '용어정리'의 용어를 활용하여 통역할 내용을 미리 예측하여 중국어(또는 한국어)로 말해보는 연습을 해보세요.
02. '용어정리'의 일부 용어를 선택하여 기호나 문자 약어로 만들어 보시기 바랍니다.

용어정리

11-01.mp3

각 열을 손으로 가리고 그에 대응하는 중국어(또는 한국어) 표현을 생각해 보고 연습하면 좋습니다.

매진하다 / 큰 걸음으로 들어서다	迈进 màijìn
세계무역	世贸(世界贸易) shì mào (shìjiè màoyì)
안전카드를 긁다	划安全卡 huà ānquánkǎ
"쾅"하며 내리치다	"咣"地砸 guāng de zá
단숨에, 갑자기	一下子 yíxiàzi
벽에 세게 부딪히다	冲到墙上 chōngdào qiángshàng
이내(=马上, 단 과거에만 쓰임)	顿时 dùnshí
아프다	疼痛 téngtòng
교대로 짊어지다	轮流地扛 lúnliú dì káng
들어올리다	抬 tái
관골부(엉덩이 부분)	髋部 kuānbù
찔러서 뚫다	戳 chuō
못	钉子 dīngzi

통역실습

1) 문장구역: 문장을 보면서 동시에 상대방과 대화하듯 단락별로 자연스럽게 통역합니다. 학습자의 상황에 따라 문장구역은 생략하고 직접순차통역을 할 수도 있습니다.
2) 순차통역: 간략하게 노트테이킹을 하며 두 단락을 쉼 없이 한 번에 듣고 난 뒤 통역합니다.
3) 예시답안은 통역연습에서 확인할 수 있습니다.

단락별 실습

01. 1단락 2단락문장구역

1단락

2001年9月11日早晨8:46左右，我提着公文箱迈进了公司所在的世贸一号楼的大厅。当我刚要划安全卡准备上电梯时，我旁边那部直通100多层楼的电梯"咣"地就砸了下来。

2단락

那是非常的恐怖。强大的冲击力一下子就把我冲到了墙上，我顿时就动不了了。

02. 1단락 2단락 순차통역[1] 11-02.mp3

단락 전체를 듣고 순차통역 해보세요. 노트테이킹은 가급적 세로로 적게 쓸수록 좋습니다. 받아쓰기가 아닙니다. 내용을 쉽게 떠올릴 수 있도록 일부만 표기합니다.

03. 3단락 4단락문장구역

3단락

身体的下部从来没有那么疼痛过，我不停地大叫，救我一命!三个救火队员就轮流地扛着我，最终把我从地狱里扛了出来，又把我抬到急救车上。

4단락

我的腿做了5个半小时的手术后，我的命得救了!但是至今，在连接我的大腿根和髋部的地方还深深地戳着四根钉子。

04. 3단락 4단락 순차통역[2]

단락 전체를 듣고 순차통역 해보세요.노트테이킹은 가급적 세로로 적게 쓸수록 좋습니다. 받아쓰기가 아닙니다. 내용을 쉽게 떠올릴 수 있도록 일부만 표기합니다.

설명

01. 911 테러처럼 배경지식이 풍부하거나 이미 익숙한 내용은 듣지 않고도 내용을 예측할 수 있기 때문에 통역하기도 쉽습니다.

따라서 통역을 맡았을 경우에는 관련 주제에 관하여 충분히 사전 조사를 하는 것이 바람직합니다.

02. 我提着公文箱迈进了公司所在的世贸一号楼的大厅。

着는 동사 뒤에 쓰여서 동작의 상태 지속을 표시합니다. 즉 서류가방을 든 상태로 세계무역센터 1동로비로 힘차게 들어선 것을 말합니다.

世贸는 WTO(World Trade Organization)를 뜻에 따라 중국어로 번역한 世界贸易中心의 약어입니다. 세계무역센터는 쌍둥이 빌딩으로 一号楼는 1동을 의미합니다.

03. 那是非常的恐怖。

요즘엔 무서운 일들이 너무 많이 일어나서 恐怖와 관련된 표현들이 많습니다.

예) 恐怖分子 테러리스트, 恐怖事件 테러, 恐怖主义 테러리즘, 白色恐怖 백색테러

04. 물건 운반을 뜻하는 동사

抬 tái (두 사람 이상이 양손으로)물건을 들어올리다

예) 抬椅子 (의자를 들어올리다)

扛 káng (주로 어깨에) 메다 짊어지다

예) 扛包袱 káng bāofú (봇짐을 짊어지다)

背 bèi (등에) 업다 짊어지다

예) 背背包 (배낭을 메다)

担 dān (지게 등 도구를 사용하여 어깨에) 짊어지다

예) 担水 (물을 져 나르다)

挑 tiāo (저울막대처럼 앞뒤로 긴 도구로 어깨에) 메다

예) 挑水担柴 tiāoshuǐ dānchái (물 긷고 나무를 지다)

搬 bān (비교적 큰 물건을) 운반하다

예) 搬家 (이사하다)

응용실습

01. 다시 말하기(重述)

1) 전체 문단 중 이야기를 비교적 기억하기 쉬운 단락을 선택해보세요

2) 선택한 단락의 내용을 중국어로 다시 말해보세요.

02. 텍스트 확인 ( ) 넣기 11-03.mp3

음성을 들으며 빈칸에 들어갈 단어를 적어 보세요.

<911幸存者谈话>[3]

2001年9月11日早晨(①______)左右，我(②______)迈进了公司所在的(③______)的大厅。当我刚要(④______)准备上电梯时，我旁边那部(⑤______)100多层楼的电梯"咣"地就砸了下来。那是非常的恐怖。强大的冲击力一下子就把我(⑥______)，我顿时就(⑦______)了。身体的下部从来没有那么(⑧______)过，我不停地大叫，(⑨______)!三个救火队员就(⑩______)扛着我，最终把我从地狱里(⑪______)出来，又把我抬到(⑫______)上。我的腿做了5个半小时的手术后，我的命(⑬______)了!但是至今，在(⑭______)我的大腿根和髋部的地方还深深地戳着四根钉子。

(来源：人民网BBS强国论坛，《911幸存者:我怎样从世贸逃生》)

11-2. 中国文化创意产业发展论坛

통역준비

텍스트 내용 예측 및 기호 만들기

01. 젊은 층의 소비문화를 언급하는 대담을 통역하게 되었다고 가정해봅니다. '용어정리'의 용어를 활용하여 통역할 내용을 미리 예측하여 중국어(또는 한국어)로 말해보는 연습을 해보세요.
02. '용어정리'의 일부 용어를 선택하여 기호나 문자 약어로 만들어 보시기 바랍니다.

용어정리 11-04.mp3

각 열을 손으로 가리고 그에 대응하는 중국어(또는 한국어) 표현을 생각해 보고 연습하면 좋습니다.

첫 번째로 뽑다	首选 shǒuxuǎn
여전하다, 변함없다	依然 yīrán
갈망하다 / 열중하다	热衷 rèzhōng
미련을 가지다, 연연하다	迷恋 míliàn
만화영화	动画片 dònghuàpiàn
향수를 뿌리다	喷香水 pēn xiāngshuǐ
바르다, 칠하다	抹 mǒ
독일	德国 Déguó
융합하다	融合 rónghé
파다, 발굴하다	挖掘 wājué

통역실습

1) 문장구역: 문장을 보면서 동시에 상대방과 대화하듯 단락별로 자연스럽게 통역합니다. 학습자의 상황에 따라 문장구역은 생략하고 직접순차통역을 할 수도 있습니다.
2) 순차통역: 간략하게 노트테이킹을 하며 두 단락을 쉼 없이 한 번에 듣고 난 뒤 통역합니다.
3) 예시답안은 통역연습에서 확인할 수 있습니다.

단락별 실습

01. 1단락 2단락문장구역

1단락

最近消费者首选的商品依然是海外的产品，尤其是年轻的一代，热衷美国的电影，迷恋韩国的电视剧，爱看日本的动画片，而且喷法国的香水，抹日本的化妆品，穿德国的运动鞋。

2단락

你看年轻这一代20岁左右的，他们消费的文化产品基本上都是外国化了。

02. 1단락 2단락 순차통역[4] 11-05.mp3

단락 전체를 듣고 순차통역 해보세요. 노트테이킹은 가급적 세로로 적게 쓸수록 좋습니다. 받아쓰기가 아닙니다. 내용을 쉽게 떠올릴 수 있도록 일부만 표기합니다.

03. 3단락 4단락문장구역

3단락

我们在大众文化的消费领域要做的事情非常多，我们怎么样达到传统文化、西方文化跟我们生活当中三位一体的融合，这是很重要的。

4단락

我希望人们从传统当中挖掘一些好的东西，跟现在的东西形成一种文化品位。因为时间关系有些东西就不再讲了，谢谢大家!

04. 3단락 4단락 순차통역[5]

단락 전체를 듣고 순차통역 해보세요. 노트테이킹은 가급적 세로로 적게 쓸수록 좋습니다. 받아쓰기가 아닙니다. 내용을 쉽게 떠올릴 수 있도록 일부만 표기합니다.

설명

01. 텍스트 특징에 따른 통역준비

중국 문화창조산업 발전에 관한 이번 대담은 어떤 특징이 있을까요? 우선, 특별한 스토리가 없어서 알아듣고도 기억하기가 쉽지 않습니다. 또한 여러 가지 열거되는 사항이 많아서도 재생하기가 쉽지 않습니다, 이와 같은 경우에는 노트테이킹이 기억 도우미로써 훌륭한 역할을 하게 됩니다. 그러나 역시 듣기와 기억이 우선입니다.

02. 年轻一代爱看日本的动画片

외래어 번역: 한국어는 표음문자로 외래어를 쉽게 발음에 따라 기록할 수 있는 반면, 중국어는 표의문자라 외래어를 뜻으로 번역한 경우가 많습니다.

예) animation(움직이는 화면 필름, 动画片) action物(동작으로 이루어진 필름, 动作片)
documentary(문서사실을 기록한 영화, 记录片)

03. 한국어를 중국어로 통번역할 때 고려할 점

한국어는 수식어가 긴 문장이 많습니다. 또한 주어를 종종 생략하는 경우도 흔합니다.

따라서 한국어를 중국어로 통번역 할 때는 한국어에서 숨은 주어를 찾아내어 삽입하고, 길게 이루어진 꾸밈어를 분리하여 문장을 나누어 통역 번역을 하는 센스가 필요합니다.

예) “(전통문화나 서구문화 우리 생활 이 세가지를 어떻게 하나로 융화시킬까 하는) 점은 아주 중요합니다.”
“我们怎么样达到传统文化、西方文化跟我们生活当中三位一体的融合，这是很重要的。”

위의 한국어 문장은 주어도 없고 ‘(~하는) 점은’과 같이 꾸밈어가 긴 특징을 지니고 있습니다. 물론 이 한국어 번역문은 꾸밈어가 긴 한국어 특징을 살려서 제가 의도적으로 번역한 것이지만, 실제 통번역 현장에서 그런 경우가 많았기 때문입니다. 이러한 문장을 중국어로 옮길 때는 꾸밈어를 분리하여, 각 문장 앞에 주어 ‘我们’과 ‘这’를 삽입하고 2개의 짧은 문장으로 만들면 한결 간결하고도 의미전달이 잘됩니다.

응용실습

01. 다시 말하기(重述)

1) 전체 문단 중 이야기를 비교적 기억하기 쉬운 단락을 선택해보세요
2) 선택한 단락의 내용을 중국어로 다시 말해보세요.

02. 텍스트 확인 ( ) 넣기 11-06.mp3

음성을 들으며 빈칸에 들어갈 단어를 적어 보세요.

<中国文化创意产业发展论坛>[6]
最近消费者首选的商品(①______)是海外的产品，尤其是年轻的一代，热衷美国的电影，(②______)韩国的电视剧，爱看日本的(③______)，而且(④______)法国的香水，(⑤______)日本的化妆品，穿德国的(⑥______)。你看年轻这一代20岁左右的，他们消费的文化产品基本上都是外国化了。我们在大众文化的(⑦______)要做的事情非常多，我们怎么样(⑧______)传统文化、西方文化跟我们生活当中三位一体的(⑨______)，这是很重要的。我希望人们从传统当中(⑩______)一些好的东西，跟现在的东西形成一种(⑪______)。因为时间关系有些东西就不再讲了，谢谢大家! (来源:《“新深圳 · 新产业 · 新设计”—中国文化创意产业发展论坛》)

통역연습

01. 예시답안 활용연습

다음 연습방법 중 최소 1가지 방법을 선택하여 연습하며 녹음한 뒤 예시답안과 비교해 보세요.

1) 중중 섀도잉: 중국어 텍스트를 가리고 중국어 음성을 들으며 중국어로 섀도잉 연습을 해보세요.
2) 중한통역: 예시답안 전체를 가리고 중국어 음성을 들으며 한국어로 통역하여 녹음 후 비교해 보세요.
3) 한중통역: 한국어 예시답안을 보며 중국어로 문장구역을 해보세요.

11-07.mp3

텍스트 11-1	예시답안
2001年9月11日早晨8:46左右，我提着公文箱迈进了公司所在的世贸一号楼的大厅。当我刚要划安全卡准备上电梯时，我旁边那部直通100多层楼的电梯"咣"地就砸了下来。那是非常的恐怖。强大的冲击力一下子就把我冲到了墙上， 我顿时就动不了了。身体的下部从来没有那么疼痛过，我不停地大叫，救我一命!三个救火队员就轮流地扛着我，最终把我从地狱里扛了出来，又把我抬到急救车上。我的腿做了5个半小时的手术后， 我的命得救了!但是至今， 在连接我的大腿根和髋部的地方还深深地戳着四根钉子。	2001년 9월11일 아침 8:46분쯤, 저는 서류가방을 들고 회사가 있는 세계무역센터 1동 로비로 힘차게 들어섰습니다. 제가 안전카드를 긁고 엘리베이터에 올라타려고 할 때, 옆에 100층까지 통하는 엘리베이터가 "쾅"하며 떨어져 내렸습니다. 정말 무서웠죠. 강력한 충격으로 저는 순식간에 벽에 세차게 부딪혔고, 잠시 움직이질 못했습니다. 하반신이 그렇게 아파 본 적이 없어서, 전 사람 살리라고 끊임없이 소리질러댔습니다. 구급대원 3명이 번갈아 가며 저를 둘러멨고 결국 지옥에서 저를 둘러메고 나와서는 구급차에 실어 올렸습니다. 5시간 반 동안 다리 수술을 한 끝에 저는 살아났습니다! 허지만, 지금까지도 허벅지와 엉덩이를 잇는 부분에는 못 4개가 깊이 박혀있습니다.

11-08.mp3

텍스트 11-2	예시답안
最近消费者首选的商品依然是海外的产品，尤其是年轻的一代，热衷美国的电影，迷恋韩国的电视剧，爱看日本的动画片，而且喷法国的香水，抹日本的化妆品， 穿德国的运动鞋。你看年轻这一代20岁左右的， 他们消费的文化产品基本上都是外国化了。我们在大众文化的消费领域要做的事情非常多，我们怎么样达到传统文化、西方文化跟我们生活当中三位一体的融合， 这是很重要的。我希望人们从传统当中挖掘一些好的东西，跟现在的东西形成一种文化品位。因为时间关系有些东西就不再讲了， 谢谢大家!	요즘 소비자들은 여전히 외제를 먼저 고릅니다. 더욱이 젊은 층은 미국 영화를 선호하고, 한국 드라마에 빠져들고, 일본 애니메이션을 즐기며, 프랑스 향수를 뿌리고, 일본 화장품을 바르고, 독일 운동화를 신습니다. 스무 살 남짓 젊은 층들의 소비문화상품은 기본적으로 외제입니다. 대중문화의 소비영역에서 우리가 할 일이 아주 많습니다. 전통문화나 서구문화 우리 생활 이 세가지를 어떻게 하나로 융화시킬까 하는 점은 아주 중요합니다. 저는 사람들이 전통에서 좋은 점들을 끄집어내어 현재의 것들과 더불어 문화적 품위를 이루길 바랍니다. 시간관계상 더 이상 얘기하지는 않겠습니다, 여러분 감사합니다.

02. 한중 통역 11-09.mp3

한국어를 듣고 중국어로 통역해보세요

1.
2.
3.
4.
5.
6.
7.
8.
9.
10.

03. 음성을 잘 듣고 각 문장의 번역이 맞으면 T, 틀리면 F를 기입하세요.

1. 아침 8:46분쯤, 저는 서류가방을 들고 회사가 있는 세계무역센터 1동 로비로 힘차게 들어섰습니다. (　　)
2. 6시간 반 동안 다리 수술을 한 끝에 저는 살아났습니다. (　　)
3. 노년층은 한국 드라마에 빠져들고, 프랑스 애니메이션을 즐기며, 미국 향수를 뿌리고, 일본 화장품을 바릅니다. (　　)
4. 요즘 소비자들은 여전히 국산을 먼저 고릅니다. 더욱이 노년 층은 전통적 제품을 아직도 선호합니다. (　　)

04. 통역 도전

텍스트 일부를 변형한 내용입니다. 음성을 잘 듣고 통역해보세요.

1. (참조: 扶fú 일으켜 세우다, 부축하다)

2.

쉬어가기

[중국어의 외래어를 번역할 때는?]

중국어는 표의(表意)문자로 외래어를 소리 나는 대로 기록하기가 쉽지 않습니다. 중국어의 외래어 번역은 주로 다음과 같은 유형으로 분류할 수 있습니다. 중국어 속에 포함된 외래어를 한국어로 번역할 때는 이 유형들을 참고하면 비교적 쉽게 파악할 수 있습니다.

1. 음역(音译):

원음과 가장 유사한 발음의 한자를 찾아서 가급적 뜻도 고려하여 번역하는 것

-주로 인명 지명 등의 고유명사에 많음

예) 毕加索 Bì jiā suǒ (화가)피카소 奔驰 Bēnchí (자동차)벤츠

易买得 Yìmǎidé (이마트: 뜻도 고려, 물건을 쉽게 살 수 있는 곳)

2. 의역(意译): 원어를 뜻으로 번역하는경우

예) 机器人 로보트(기계로 움직이는 인간) 伟哥 비아그라(위대한 오빠)

牛津大学 옥스포드 대학(牛=ox, 津나루터 진=ford, 영어의 ford도 여울, 나루터)

3. 음+의역 (音译+意译)

원어의 일부는 뜻으로 번역하고 일부는 소리나는대로 결합한 형태

예) 新德里 뉴델리(新=new+델리 Délǐ), 星巴克스타벅스(星=star+벅의 음 bākè)

미스터 피자

스타벅스

[1] 1, 2단락 노트테이킹 예

01 루8:46 1동 卡 ↕ 100≒ 공 벽 ×

기호설명: 01(2001년, 9월11은 이미 잘 아니 생략) 卡(안전카드) ↕(엘리베이터, 오르내리는 모양) 100≒(100여층) 공(공포) 벽(벽에 부딪힘) ×(움직이지 못함)

[2] 3, 4단락 노트테이킹 예

下 3 메 从 구 5 …… 4

기호설명: 下(하반부 통증) 3(구급대원 3명) 메(들쳐메다) 从(지옥에서~) 구(구급차)5(5시간 수술) ……(아직) 4(못 4개)

[3] 정답

1) 8:46 2) 提着公文箱 3) 世贸一号楼 4) 划安全卡 5) 直通
6) 冲到了墙上 7) 动不了 8) 疼痛 9) 救我一命 10) 轮流地
11) 扛了 12) 急救车 13) 得救 14) 连接

[4] 1, 2단락 노트테이킹 예

外esp Aㅇ, Kㄷ, Jㅁ, Fㅎ J화 G운 20≒ 外

기호설명: 外(외제) esp(especially, 특히) Aㅇ(미국영화), Kㄷ(한국 드라마), Jㅁ(일본 만화영화), Fㅎ(프랑스향수) J화(일본 화장품) G운(독일 운동화) 20≒(20세 전후) 外(외제)

[5] 3, 4단락 노트테이킹 예

대文↑/ ?(전 서 L)31◎ ★ / h 从 전 →품 ∵ ×

기호설명: 대文(대중 소비문화) ↑(할일이 많다) ?(어떻게) 전(전통문화) 서(서구문화) L(life, 삶 생활) 31◎(3위 일체 융합) ★(중요) / h(hope) 从전(從전통문화에서) →품(품위를 형성하다) ∵(시간 때문에) ×(더 이상 얘기안함)

[6] 정답

1)依然 2)迷恋 3)动画片 4)喷 5)抹 6)运动鞋 7)消费领域 8)达到 9)融合 10)挖掘 11)文化品位

제12과

중한순차통역 (정치 경제)

학습목표

◎ 정치 경제를 주제로 중한 순차 통역연습

▶ 12-1《时事开讲》政治谈话《시사개강》정치대담

▶ 12-2《时事开讲》经济谈话《시사개강》경제 대담

◎ 노트테이킹이 필요 없는 짧은 순차통역과 노트테이킹을 수반하는 순차통역

◎ 통역도전-연습문제: 동일주제로 학습하지 않은 내용을 통역

12-1. 《时事开讲》政治谈话

통역준비

텍스트 내용 예측 및 기호 만들기

01. 시사프로그램에서 '한국의 정치상황과 한국 정치인'을 논하는 부분의 통역을 맡게 되었다고 가정해봅니다. 어떤 내용을 언급하게 될까요? '용어정리'의 용어를 활용하여 통역할 내용을 미리 예측하여 중국어(또는 한국어)로 말해보는 연습을 해보세요.
02. '용어정리'의 일부 용어를 선택하여 기호나 문자 약어로 만들어 보시기 바랍니다.

용어정리

12-01.mp3

각 열을 손으로 가리고 그에 대응하는 중국어(또는 한국어) 표현을 생각해 보고 연습하면 좋습니다.

중하위 계층	中下阶层 zhōngxià jiēcéng
학자금	助学金 zhùxuéjīn
일하다, 아르바이트 하다	打工 dǎgōng
변호사	律师 lǜshī
(성어)마음으로 바라던 바를 이루다	如愿以偿 rúyuànyǐcháng
독재정치	独裁统治 dúcáitǒngzhì
감옥	监狱 jiānyù
비참한 경우	悲惨的遭遇 bēicǎn de zāoyù
변호하다	辩护 biànhù
어두운 면	阴暗面 yīnànmiàn
싹트다 / 생겨나다	萌发 méngfā
가난한 집	穷苦家庭 qióngkǔ jiātíng
핵심점, 키포인트	切入点 qiērùdiǎn

통역실습

1) 문장구역이나 노트테이킹을 하지 않고 직접 통역 합니다.
2) 각 단락 총 3문장입니다. 한 문장씩 듣고 통역 후 그 다음 문장을 합니다.
3) 예시답안은 통역연습에서 확인할 수 있습니다.

단락별 실습 12-02.mp3

01. 1단락 순차통역

짧은 순차통역입니다. 쓰지 말고 듣기에 집중하여 1문장씩 통역하세요

02. 2단락 순차통역

짧은 순차통역입니다. 쓰지 말고 듣기에 집중하여 1문장씩 통역하세요

03. 3단락 순차통역

짧은 순차통역입니다. 쓰지 말고 듣기에 집중하여 1문장씩 통역하세요

설명

01. 1단락 설명

他的政治性格，一个就是他很接近中下阶层。/ 另外就是他本人因为从小家里非常穷，他完全是靠助学金才完成了中学的学业，以后又打工。/ 打工的时候他就开始准备挑战新目标，他要做律师。/做律师就要参加全国司法考试，最后他终于如愿以偿了。

1) 助学金跟奖学金有什么不同?

학자금(助学金)의 범위가 더 광범위하고, 장학금은 학자금의 범주에 속합니다.

예) 助学金最常见的有三类:奖学金、助学贷款和工读金。
(jiǎngxuéjīn、zhùxué dàikuǎn、gōngdújīn)
학자금의 종류로는 장학금·학자금 대출·근로장학금 이 3가지가 가장 일반적입니다.

奖学金的依据是成绩，不论家境。
장학금은 성적을 근거로 하지 가정환경은 따지지 않습니다.
助学金是帮助贫困生的，成绩一般也有机会。
학자금은 가정형편이 어려운 자를 돕는 것으로, 성적이 평범해도 기회가 있습니다.

2) 中学

한국어와 달리, 중국어에서 中学은 중학교 고등학교를 모두 지칭합니다.

예) 中学分为初级中学与高级中学。在中国，初级中学的3年教育，一般已经纳入九年义务教育，免收学杂费。
(chūjí zhōngxué, gāojí zhōngxué, nàrù, yìwùjiàoyù, miǎnshōu xuézáfèi)
중학은 중학교와 고등학교로 구분되는데, 중국에서 중학교 3년은 9년간의 의무교육에 포함되어 학비와 잡비를 내지 않습니다.

02. 2단락 설명

当了律师之后，他开始接触到当时军人独裁统治下的韩国社会的阴暗面。/ 特别是那些参加民主运动的学生，在监狱中所受到的非常悲惨的遭遇，使他萌发了同情之心。/ 他本人就是一个出身穷苦家庭的律师，所以他就一直为这些学生辩护。

1) 통역할 때는 문장의 핵심어를 파악하는 것이 중요합니다.

他开始接触到(当时军人独裁统治下的韩国社会的)阴暗面。

꾸밈어('군인 독재 정치하에 있던 한국사회')에 신경 쓴 나머지, 핵심어 '어두운 면(阴暗面)'을 놓치면 의미 전달을 제대로 못하게 됩니다.

2) '他'의 통역

'他를 '그'라고 통역하는 것은 구어체로 적합하지 않습니다. '그 사람', '그 분', 또는 이름을 알 경우엔 이름으로 통역하는 습관을 들입니다.

03. 3단락 설명

他自己说的，这些学生追求社会正义的理想对他也是一种促进。/ 所以他后来很快就成为韩国有名的人权律师。/ 我想这个对于了解他的政治思想，对他今后的政策是一个很重要的切入点。

切入는 깊이 파고든다는 뜻으로, 切入点은 어떤 문제를 해결할 때 가장 먼저 손을 써야 하는 핵심 요소를 말합니다. 또한 切入는 끼어든다는 뜻으로도 사용됩니다.

1) 我想这个是一个很重要的切入点。

저는 이 점이 (깊이 파고들어야 할 부분, 즉) 중요한 키포인트라고 생각합니다.

2) 别让后面的车切入。뒤 차 끼어들지 못하게 해.

응용실습

01. 다시 말하기(重述)

1) 전체 문단 중 이야기를 비교적 기억하기 쉬운 단락을 선택해보세요

2) 선택한 단락의 내용을 중국어로 다시 말해보세요.

02. 텍스트 확인 ( ) 넣기 12-03.mp3

음성을 들으며 빈칸에 들어갈 단어를 적어 보세요.

《时事开讲》政治谈话[1]
他的政治性格，一个就是他很接近(①______)。另外就是他本人因为从小家里非常穷，他完全是(②______)才完成了中学的学业，以后又打工。打工的时候他就开始(③______)新目标，他要做律师。做律师就要参加(④______)，最后他终于如愿以偿了。 当了律师之后，他开始(⑤______)当时军人独裁统治下的韩国社会的(⑥______)。特别是那些参加民主运动的学生，在(⑦______)中所受到的非常悲惨的遭遇，使他萌发了同情之心。他本人就是一个(⑧______)的律师，所以他就一直为这些学生(⑨______)。 他自己说的，这些学生(⑩______)的理想对他也是一种(⑪______)。所以他后来很快就成为韩国有名的(⑫______)。我想这个对于了解他的政治思想，对他今后的(⑬______)是一个很重要的(⑭______)。 (来源:凤凰卫视中文台《时事开讲》)

12-2. 《时事开讲》经济谈话

통역준비

텍스트 내용 예측 및 기호 만들기

01. 시사프로그램에서 '아시아 금융위기와 한국경제'를 논하는 부분의 통역을 맡게 되었다고 가정해봅니다. 어떤 이야기가 오고 갈까요? '용어정리'의 용어를 활용하여 통역할 내용을 미리 예측하여 중국어(또는 한국어)로 말해보는 연습을 해보세요.
02. '용어정리'의 일부 용어를 선택하여 기호나 문자 약어로 만들어 보시기 바랍니다.

용어정리 12-04.mp3

각 열을 손으로 가리고 그에 대응하는 중국어(또는 한국어) 표현을 생각해 보고 연습하면 좋습니다.

국제통화기금 (Internationa · Monetary Fund, IMF)	国际货币基金组织 Guójì huòbì jījīn zǔzhī
금융위기	金融危机 jīnróng wēijī
어두운 그림자	阴影 yīnyǐng
벗어나다 / 빠져나오다	摆脱 bǎituō
실업률	失业率 shīyèlǜ
취업률	就业率 jiùyèlǜ
외환보유고	外汇储备 wàihuì chǔbèi
IT제품	IT产品 chǎnpǐn
선두적 지위	领先地位 lǐngxiān dìwèi
위협하다	威胁 wēixié
~할 뿐만 아니라, 또한	不仅~而且 bùjǐn~érqiě
대단하다	了不起 liǎobuqǐ

통역실습

1) 문장구역은 하지 않고 직접 통역 합니다.
2) 짧은 순차였던 앞 단원과 달리, 본 단원은 노트테이킹을 필요로 하는 보다 긴 내용입니다.
3) 예시답안은 통역연습에서 확인할 수 있습니다.

단락별 실습 12-05.mp3

01. 1단락 순차통역[2]

간략히 노트테이킹하며 단락전체를 듣고 통역합니다.

02. 2단락 순차통역[3]

간략히 노트테이킹하며 단락전체를 듣고 통역합니다.

03. 3단락 순차통역[4]

간략히 노트테이킹하며 단락전체를 듣고 통역합니다.

설명

01. 1단락 설명

韩国在1999年年底，由国际货币基金组织和韩国政府共同宣布韩国已经走出了亚洲金融危机的阴影，已经开始了正常的恢复。韩国经济发展的状况，摆脱经济危机在整个亚洲地区最早，也是最好的。

노트테이킹에서 동일한기호로 다른 의미를 표시할 수도 있습니다.

예) 走出阴影(↑음) / 摆脱危机(↑위) / 提高经济增长率(↑ Ec) / 最好(↑^^)

위 예문의 경우 각기 뜻은 다르나, 동일하게 ↑를 써서 '走出·摆脱·提高·最'를 의미하고 있습니다. 이것이 가능한 까닭은 주 내용이 머릿속에 기억되어 있기 때문입니다. 즉 '음영·위기·경제성장·좋다'등과 결합하여 ↑를 보고는 각기 그에 해당되는 동사를 연상하여 통역하게 됩니다. 이와 같이 노트테이킹은 주된 기억을 보조하는 수단입니다. 노트테이킹을 반복 연습하여 자신만의 노트테이킹 방법을 개발하는 것이 좋습니다.

02. 2단락 설명

现在亚洲很多地方没有走出经济危机，日本、台湾、香港至今可以说还没有走出金融危机的阴影。可是韩国去年的经济增长是5.7%，因为它的基础比较好;失业率在3%以下，可以说就业率已经相当充分了。

1) 위의 문단은 국명과 숫자가 많이 열거되고 있습니다.

노트테이킹에서 다른 것은 다 생략해도 숫자나 지명 등은 기록하는 것이 좋습니다. 또한 숫자의 단위 역시 함께 기록하는 것이 좋습니다.

2) 내용의 인과관계나 역접관계를 나타내는 표현은 통역 내용을 가장 쉽게 기억시켜주는 부분입니다.

예) 可是韩国去年的经济增长是5.7%，因为它的基础比较好。

앞의 내용을 일일이 기록하지 않더라도 可是와 因为를 기록하면 나머지 이해한 내용을 쉽게 떠올릴 수 있습니다. 可是는 영어의 but을 활용하여 bt로 간략하게 쓰기도 하며, 강조시에는 Bt로 기록합니다. 또한 因为는 간략히 ∵로 표시합니다. 따라서 위 문단을 간략하게 기록하면 "A(J, T, HK)× / Bt K 5.7% ∵ <3 =$\overset{2}{\uparrow}$"로 표시할 수 있습니다.

03. 3단락 설명

外汇储备从不到一百亿美元，在九年之间已经增长到了一千亿美元;韩国的很多IT产品在国际上处于领先地位，不仅威胁了日本，而且在某些方面是超过了日本，我觉得这个是相当了不起的。

1) '从OO到OO'의 활용

100억$도 안되던 외환보유고는 9년 만에 이미 1000억$로 증가됐습니다.
外汇储备从不到一百亿美元，在九年之间已经增长到了一千亿美元。

운동하는 데 끼는 걸 좋아해서 일여년 만에 몸무게가 75kg 였던 것이 지금은 60kg로 빠졌습니다.
我喜欢参加体育活动，在一年多的时间内体重从75公斤减到现在的60公斤，

'从A到B'의 형식으로, 단순히 시간이나 장소만을 언급한 기존 형식에 비해 동사까지 활용한 좋은 예입니다.

2) 노트테이킹에서의 이모티콘활용

이모티콘을 활용하여 자신만의 방법으로 간략하게 기록할 수도 있습니다.

예) '我觉得这个是相当了不起的。'는 단순히 만족을 나타내는'^^'에 '相当'을 '제곱'표시로 강조하여 '$\hat{}\hat{}^{2}$'와 같이 간략하게 표시할 수도 있습니다.

응용실습

01. 다시 말하기(重述)

1) 전체 문단 중 이야기를 비교적 기억하기 쉬운 단락을 선택해보세요
2) 선택한 단락의 내용을 중국어로 다시 말해보세요.

02. 텍스트 확인 ( ) 넣기 12-06.mp3

음성을 들으며 빈칸에 들어갈 단어를 적어 보세요.

《时事开讲》经济谈话 [5]
韩国在1999年(①______)，(②______)国际货币基金组织和韩国政府共同宣布韩国已经走出了亚洲(③______)的阴影，已经开始了(④______)恢复。韩国经济发展的状况，(⑤______)经济危机在(⑥______)亚洲地区最早，也是最好的。 现在亚洲很多地方没有走出经济危机， 日本、台湾、香港至今可以说还没有走出金融危机的阴影。可是韩国去年的经济(⑦______)是5.7%，因为它的基础比较好;失业率在3%以下，可以说(⑧______)已经相当充分了。 (⑨______)从不到一百亿美元，在九年之间已经(⑩______)一千亿美元;韩国的很多IT产品在国际上(⑪______)地位，不仅(⑫______)了日本，而且在某些方面是(⑬______)了日本，我觉得这个是相当了不起的。 (来源:凤凰卫视中文台《时事开讲》)

통역연습

01. 예시답안 활용연습

다음 연습방법 중 최소 1가지 방법을 선택하여 연습하며 녹음한 뒤 예시답안과 비교해 보세요.

1) 중중 세도윙: 중국어 텍스트를 가리고 중국어 음성을 들으며 중국어로 세도윙 연습을 해보세요.
2) 중한통역: 예시답안 전체를 가리고 중국어 음성을 들으며 한국어로 통역하여 녹음 후 비교해 보세요.
3) 한중통역: 한국어 예시답안을 보며 중국어로 문장구역을 해보세요.

12-07.mp3

텍스트 12-1	예시답안
他的政治性格, 一个就是他很接近中下阶层。另外就是他本人因为从小家里非常穷, 他完全是靠助学金才完成了中学的学业, 以后又打工。打工的时候他就开始准备挑战新目标, 他要做律师。做律师就要参加全国司法考试, 最后他终于如愿以偿了。 当了律师之后, 他开始接触到当时军人独裁统治下的韩国社会的阴暗面。特别是那些参加民主运动的学生, 在监狱中所受到的非常悲惨的遭遇, 使他萌发了同情之心。他本人就是一个出身穷苦家庭的律师, 所以他就一直为这些学生辩护。 他自己说的, 这些学生追求社会正义的理想对他也是一种促进。所以他后来很快就成为韩国有名的人权律师。我想这个对于了解他的政治思想, 对他今后的政策是一个很重要的切入点。	그 사람은 정치적 성격상 서민층에 가깝습니다. 또한 그 사람 자신이 어렸을 적부터 집안이 아주 가난해서 학자금으로 겨우 중·고등학교를 마칠 수 있었고, 그 후로 또 막노동도 했지요. 막노동하던 시절, 그 사람은 변호사가 되어야겠다는 새로운 목표에 도전할 준비를 시작했습니다. 변호사가 되려면 전국 사법고시를 봐야 했고, 마침내 자신이 바라던 대로 이루었습니다. 변호사가 된 뒤로, 그 사람은 당시 군인 독재 정치하에 있던 한국사회의 어두운 면을 접하기 시작했습니다. 특히 민주화 운동에 참가했던 학생들이 감옥에서 겪는 비참한 상황은 동정심을 싹트게 했지요. 그 사람 자체가 가난한 가정 출신의 변호사인지라, 그 사람은 줄곧 이런 학생들을 위해서 변호했습니다. 이런 학생들이 추구하는 사회 정의의 이상은 그 사람한테도 일종의 촉진이 됐다고 스스로 말했습니다. 때문에 후에 그 사람은 일찌감치 한국에서 유명한 인권 변호사가 되었습니다. 저는 이 점이 그 사람의 정치사상과 앞으로의 정책을 이해할 수 있는 중요한 핵심요소라고 생각합니다.

12-08.mp3

텍스트 12-2	예시답안
韩国在1999年年底, 由国际货币基金组织和韩国政府共同宣布韩国已经走出了亚洲金融危机的阴影, 已经开始了正常的恢复。韩国经济发展的状况, 摆脱经济危机在整个亚洲地区最早, 也是最好的。 现在亚洲很多地方没有走出经济危机, 日本、台湾、香港至今可以说还没有走出金融危机的阴影。可是韩国去年的经济增长是5.7%, 因为它的基础比较好;失业率在3%以下, 可以说就业率已经相当充分了。 外汇储备从不到一百亿美元, 在九年之间已经增长到了一千亿美元;韩国的很多IT产品在国际上处于领先地位, 不仅威胁了日本, 而且在某些方面是超过了日本, 我觉得这个是相当了不起的。	국제통화기금과 한국 정부가 1999년 말에 한국은 이미 아시아 금융위기의 그림자를 벗어났다고 선포함으로써, 한국은 정상적으로 회복되기 시작했습니다. 한국은 아시아 지역 전체에서 경제 위기를 가장 일찍 벗어났고, 경제 발전 상황 또한 가장 좋습니다. 현재 아시아 대부분 지역은 경제 위기를 벗어나지 못했습니다. 일본, 대만, 홍콩은 아직도 금융위기의 그림자를 벗어나지 못했다고 할 수 있지요. 하지만 한국은 기초가 비교적 탄탄한 덕에 작년에 경제가 5.7% 성장했습니다; 반면, 실업률은 3%로 이하로, 취업률이 상당히 좋다고 할 수 있습니다; 외환보유고는 100억$에도 못 미치던 것이 9년 만에 1000억$로 늘어났습니다; 한국의 IT제품들은 국제적으로 선두 지위에 서서 일본을 위협할 뿐만 아니라, 어느 면에서는 일본을 추월했으니, 이 점은 상당히 대단한 거라고 여겨집니다.

02. 한중 통역 12-09.mp3

한국어를 듣고 중국어로 통역해보세요

1.

2.

3.

4.

5.

6.

7.

8.

9.

10.

03. 음성을 잘 듣고 각 문장의 번역이 맞으면 T, 틀리면 F를 기입하세요.

1. 변호사가 된 뒤로, 그 사람은 당시 사회의 어두운 면을 접하기 시작했습니다. (　　)
2. 그 사람은 줄곧 이런 학생들을 위해서 변호했습니다. (　　)
3. 대만은 2003년에 아시아 금융위기의 그림자를 벗어났습니다. (　　)
4. 한국은 1999년 말에 외환보유고가 200억 달러가 안됐습니다. (　　)

04. 통역 도전 음성녹음

텍스트 일부를 변형한 내용입니다. 음성을 잘 듣고 통역해 보세요.

1.

2.

쉬어가기

[조선시대 필리핀어 통역, 문순득]

『조선왕조실록』(순조9년, 1809년6월26일)에 흥미 있는 기록이 있습니다.

여송국의 표류인을 …본국으로 송환시키게 하라고 명하였다. …이국인 5명이 표류하여 제주에 도착하였는데, 알아들을 수 없는 오랑캐들의 말이어서 무엇이 어떻게 되었다는 것인지 분별할 수가 없었다. 나라 이름을 쓰게 하였더니 단지 막가외(莫可外)라고만 하여 어느 나라 사람인지를 알 수가 없었다. …… 그런데 그중 1명은 도중에서 병이 들어 죽었다. …… 그 가운데 1명이 또 죽어서 단지 3명만이 남아 있었다. 이때에 이르러 나주 흑산도사람 문순득이 표류되어 여송국에 들어갔었는데, 그 나라 사람의 형모와 의관을 보고 그들의 방언을 또한 기록하여 가지고 온 것이 있었다. 그런데 표류되어 머물고 있는 사람들의 용모와 복장이 대략 서로 비슷하였으므로, 여송국의 방언으로 문답하니 절절이 딱 들어맞았다. 그리하여 미친 듯이 바보처럼 정신을 못 차리고서 울기도 하고 외치기도 하는 정상이 매우 딱하고 측은하였다. 그들이 표류되어온 지 9년 만에야 비로소 여송국 사람임을 알게 되었다.

『표해시말 (漂海始末)』

여송(呂宋, Lǚsòng 뤼쑹)은 필리핀의 루손섬이고, 막가외(莫可外)는 오늘날의 마카오입니다. 9년이나 의사소통이 되지 않던 필리핀인들이 문순득의 통역으로 울고불고 하는 대목이 가슴 찡합니다. 조선시대 홍어장수 문순득(文順得1777~1847)은 흑산 홍어를 싣고 가던 중 돌풍을 만나 표류하게 되고, 필리핀의 루손섬과 마카오, 중국 등을 돌고 돌아 3년2개월만에 고향 신안 우이도(소흑산도)로 돌아왔다고 합니다. 당시 흑산도에 유배 온 다산 정약용의 형 정약전이 문순득의 이야기를 전해 듣고 정리한 책이 『표해시말(漂海始末)』입니다. 『표해시말』과 홍어장수 문순득의 이야기는 책으로도 출간되어 쉽게 검색할 수 있습니다.

[1]

1) 中下阶层　2) 靠助学金　3) 准备挑战　4) 全国司法考试　5) 接触到
6) 阴暗面　7) 监狱　8) 出身穷苦家庭　9) 辩护　10) 追求社会正义
11) 促进　12) 人权律师　13) 政策　14) 切入点

[2] 1단락 노트테이킹 예

K 1999 IMF& KG ↑ ↶/K Ec ↑ A ↑^^

기호설명: 1999(1999년말) KG(한국 정부) ↑(벗어남, 走出, 摆脱) ↶ (회복) A(아시아) ↑^^ (最好)

[3] 2단락 노트테이킹 예

A × J T HK ×/Bt K 5.7 ∵ 실<3 =충분 (충 위에 2)

기호설명: A(아시아) ×(벗어나지 못함) J(일본) T(대만) HK(홍콩) ×(벗어나지 못함)/ Bt(그러나)K(한국) 5.7 ∵ 실(실업률)<3 =충분(상당히 충분) (충 위에 2)

[4] 3단락 노트테이킹 예

口̄ 100ㄱ$ $\xrightarrow{9}$1000ㄱ$/ K IT W↑ 不 而>J, ^^(2)

기호설명: 口̄(외국, 외환보유고) 100ㄱ$(100억달러, 억의 'ㄱ'만 표기) $\xrightarrow{9}$(9년사이에 ~로 증가하다) 1000ㄱ$(천억 달러) / K(한국) IT W↑(국제적으로 선두) 不…而(不仅而且) >(앞선다) J(일본), ^^(상당히 대단하다) (^^ 위에 2)

[5]

1) 年底　2) 由　3) 金融危机　4) 正常的　5) 摆脱　6) 整个
7) 增长　8) 就业率　9) 外汇储备　10) 增长到了　11) 处于领先　12) 威胁
13) 超过

제13과

중한 순차통역 (연예 스포츠)

학습목표

◎ 연예 스포츠를 주제로 중한 순차 통역연습

▶13-1 李连杰北大演讲 이연걸 북경대 연설

▶13-2 举重选手经验谈 역도 선수 경험담

◎ 노트테이킹이 필요 없는 짧은 순차통역과 노트테이킹을 수반하는 순차통역

◎ 통역도전-연습문제: 동일주제로 학습하지 않은 내용을 통역

13-1. 李连杰北大演讲

통역준비

텍스트 내용 예측 및 기호 만들기

01. 한국에 온 중국 스타의 대학특강을 통역하게 되었다고 가정해봅니다. 대학생들에게 유명 스타는 어떤 이야기를 할까요? '용어정리'의 용어를 활용하여 통역할 내용을 미리 예측하여 중국어(또는 한국어)로 말해보는 연습을 해보세요.
02. '용어정리'의 일부 용어를 선택하여 기호나 문자 약어로 만들어 보시기 바랍니다.

용어정리 13-01.mp3

각 열을 손으로 가리고 그에 대응하는 중국어(또는 한국어) 표현을 생각해 보고 연습하면 좋습니다.

황송합니다	不敢当 bùgǎndāng
다행히도, 운 좋게도	有幸 yǒuxìng
닉슨(전 미국대통령)	尼克松 Níkèsōng
아프리카	非洲 Fēizhōu
이라크	伊拉克 Yīlākè
시리아	叙利亚 Xùlìyà
주관이 있다	有主见 yǒu zhǔjiàn
영화를 촬영하다	拍电影 pāi diànyǐng
《소림사》(영화제목)	《少林寺》 Shàolínsì
수표	支票 zhīpiào
(금품을)상납하다 / 위에 바치다	上交 shàngjiāo
다리가 부러지다	腿断 tuǐduàn
장애인 증명서	残废证 cánfèizhèng
휘황찬란하다	辉煌 huīhuáng
울퉁불퉁하다 / 험난하다	坎坷 kǎnkě

통역실습

1) 문장구역이나 노트테이킹을 하지 않고 직접 통역 합니다.
2) 각 단락 총 3~4문장입니다. 한 문장씩 듣고 통역 후 그 다음 문장을 합니다.
3) 예시답안은 통역연습에서 확인할 수 있습니다.

단락별 실습 13-02.mp3

01. 1단락 순차통역

짧은 순차통역입니다. 쓰지 말고 듣기에 집중하여 1문장씩 통역하세요

02. 2단락 순차통역

짧은 순차통역입니다. 쓰지 말고 듣기에 집중하여 1문장씩 통역하세요

03. 3단락 순차통역

짧은 순차통역입니다. 쓰지 말고 듣기에 집중하여 1문장씩 통역하세요

설명

01. 1단락 설명

其实演讲不敢当，一个小学都还没有毕业的人，站在最高学府的讲台上，不够资格去演讲。/ 我只能够用我人生的经历去简单地给大家介绍一下。/ 我从11岁开始，有幸代表中国去全世界访问。/ 比如，去美国的时候见到尼克松，我去过非洲十几个国家，伊拉克、叙利亚都去过。

1) 통역을 맡게 되면, 우선 통역을 의뢰한 이나 기관, 또는 통역 주제와 관련된 배경 지식이 많을수록 좋은 통역을 할 수 있습니다.

이번 주제의 경우, 유명 스타가 되기까지 그 과정을 사전에 파악하고 있으면 통역하기가 한결 수월해집니다.

2) 한→중 통역에 유용한 연동문(连动文)

한국어 입말에서는 동사가 불분명한 경우가 흔합니다. 이러한 경우 그 동작에 해당하는 동사를 분명히 밝혀 주면 의사전달을 명확하게 할 수 있습니다. 어떤 방식이나 수단을 나타내는 동사가 생략된 경우를 예로 들면:

그저 제가 살면서 겪은 걸(=~겪은 걸 활용해서) 여러분께 간략히 소개하겠습니다.
　　我只能够用我人生的经历去简单地给大家介绍一下。
　　중국어로(=중국어를 사용해서) 토론합시다. 我们用汉语讨论吧。
　　지하철로(=지하철을 타고) 출근합니다. 我坐地铁去上班。

이처럼 한→중 통역에서 동사가 불분명한 경우 두 개 혹은 두 개 이상의 동사를 활용하는 연동문 형식으로 통역을 하면 의사전달이 용이해집니다.

02. 2단락 설명

到16岁，我开始越来越有主见，所以我就选择了拍电影。/ 第一部电影《少林寺》拍完以后，突然有一个人拿了600万元的支票给我，要我拍两部电影。/ 600万，在1982年那个年代里是多么大的诱惑。/ 我真的很想拿，但是不行，你属于单位，你属于国家，就要全部上交。

1) 拍两部电影 영화 2편을 찍다

중국어에선 명사보다 수량사가 먼저입니다. '拍电影两部'로 말하지 않도록 주의합니다. 기타 영화관련 표현을 소개하면:

감독 导演 dǎoyǎn	TV드라마 / 연속극 电视剧 diànshìjù
탤런트 /배우 演员 yǎnyuán	남자 주연배우 男主角 nán zhǔjué
조연 配角 pèijué	미니시리즈 迷你系列剧 mínǐ xìlièjù
제작진 制作组 zhìzuòzǔ	영화시나리오 电影剧本 diànyǐng jùběn
스태프 剧组人员 jùzǔ rényuán	카메라맨 摄影师 shèyǐngshī
~역을 연기하다 扮演~ bànyǎn	PD 艺术总监/制作人 yìshù zǒngjiān/ zhìzuòrén

2) 我真的很想拿，但是不行，你属于单位，你属于国家，就要全部上交。

저는 정말 돈을 갖고 싶었지만, 그럴 수는 없었습니다. 기관에 속해있고, 국가에 속해있어서 전부 바쳐야 했습니다.

여기서 你는 자기 자신을 객관적으로 표현한 겁니다. 你는 때로는 사람을 막연히 일컫기도 합니다.

예) 这件事真叫你哭笑不得。이 일이야말로 사람을 이러지도 저러지도 못하게 한다.

03. 3단락 설명

所以我对社会、对老师、对长辈、对很多东西都觉得不公平。/ 我拍了《少林寺》以后，腿断了，非常严重。当时七个小时的手术结束以后医生告诉我，我们可以开一个三级残废证，至于能不能拍电影不知道。/ 差不多全亚洲都知道我很辉煌的时候，我自己面对人生最大的坎坷。

1) 长辈 zhǎngbèi (집안 친족 가운데서)어른 연장자를 말합니다.

예) 孝顺长辈

이에 대응되는 개념으로는 小辈또는 晚辈를 사용하는데, 晚辈는 辈分(집안 항렬)이 낮은 손아랫사람의 개념 외에 후배의 뜻으로도 쓰입니다.

예) 培养晚辈 후진을 양성하다

이와 관련된 표현들을 소개하면:

前辈 (인생, 업무상) 선배, 연장자 예)在这方面他是我的前辈
先进(업무상 자신보다)앞선 사람 예) 各位先进，各位会员! 各位业界先进!
学长(学姐)학교 남자선배 (여자선배)↔学弟(学妹)학교 남자후배(여자후배)

2) 至于能不能拍电影不知道。영화를 찍을 수 있을지는 모르겠습니다.

문장 앞에 쓰이는'至于'는 어떤 정도나 범위를 언급할 때, 또는 어떤 새로운 일을 언급할 때 사용하는 표현입니다.

예) 至于价钱，我们可以商量商量。가격 부분은 상의할 수 있습니다.
至于那次水灾，我没听到什么。그 때 물난리에 관해서는 들은 바가 없습니다.

응용실습

01. 다시 말하기(重述)

1) 전체 문단 중 이야기를 비교적 기억하기 쉬운 단락을 선택해보세요

2) 선택한 단락의 내용을 중국어로 다시 말해보세요.

02. 텍스트 확인 ( ) 넣기 13-03.mp3

음성을 들으며 빈칸에 들어갈 단어를 적어 보세요.

<李连杰北大演讲>[1]
其实演讲不敢当，一个小学都还没有毕业的人，站在(①________)的(②________)上，不够资格去演讲。我只能够(③______)我人生的(④______)去简单地给大家介绍一下。我从11岁开始，(⑤______)代表中国去全世界访问。(⑥______)，去美国的时候见到尼克松，我去过非洲十几个国家，伊拉克、(⑦______)都去过。到16岁，我开始越来越有主见，所以我就选择了(⑧______)。(⑨______)电影《少林寺》拍完以后，(⑩______)有一个人(⑪______)600万元的支票给我，要我拍两部电影。600万，在1982年那个年代里是多么大的(⑫______)。我真的很想拿，但是不行，你(⑬______)，你属于国家，就要全部(⑭______)。所以我对社会、对老师、(⑮________)、对很多东西都觉得不公平。我拍了《少林寺》以后，腿断了，非常(⑯______)。当时七个小时的(⑰________)以后医生告诉我，我们可以(⑱______)一个三级残废证，(⑲______)能不能拍电影不知道。差不多全亚洲都知道我很辉煌的时候，我自己(⑳______)人生最大的坎坷。 (来源:《李连杰北大演讲:40岁后，把爱付出去》)

13-2. 举重选手经验谈

통역준비

텍스트 내용 예측 및 기호 만들기

01. '역도 선수의 경험담' 통역을 맡게 되었다고 가정해봅니다. 역도 선수는 어떤 이야기를 할까요? '용어정리'의 용어를 활용하여 통역할 내용을 미리 예측하여 중국어(또는 한국어)로 말해보는 연습을 해보세요.
02. '용어정리'의 일부 용어를 선택하여 기호나 문자 약어로 만들어 보시기 바랍니다.

용어정리 13-04.mp3

각 열을 손으로 가리고 그에 대응하는 중국어(또는 한국어) 표현을 생각해 보고 연습하면 좋습니다.

전국체전	全运会(全国体育运动会) Quányùnhuì
싹트다 / 처음 생겨나다	萌生 méngshēng
은퇴할 의향	退意 tuìyì
합숙 훈련하다, 집중 트레이닝	集训 jíxùn
국가 대표팀	国家队 guójiāduì
감독, 코치	教练 jiàoliàn
마음에 들다, 반하다	看中 kànzhòng
기록을 깨다	破记录 pò jìlù
생화, 싱싱한 꽃	鲜花 xiānhuā
신맛 단맛 쓴맛 매운맛 / 세상풍파	酸甜苦辣 suāntiánkǔlà
바벨(barbell)	杠铃 gànglíng
두 팔을 흔들며 환호하다	双臂振呼 shuāngbì zhèn hū
입맞춤하다, 키스하다	亲吻 qīnwěn
어깨를 나란히 하고 싸우다	并肩作战 bìngjiān zuòzhàn
힘껏 쟁취하다/격렬하게 논쟁하다	力争 lìzhēng
상패, 메달	奖牌 jiǎngpái

통역실습

1) 문장구역은 하지 않고 직접 통역 합니다.
2) 짧은 순차였던 앞 단원과 달리, 본 단원은 노트테이킹을 필요로 하는 보다 긴 내용입니다.
3) 예시답안은 통역연습에서 확인할 수 있습니다.

단락별 실습 13-05.mp3

01. 1단락 순차통역[2]

간략히 노트테이킹하며 단락전체를 듣고 통역합니다.

02. 2단락 순차통역[3]

간략히 노트테이킹하며 단락전체를 듣고 통역합니다..

03. 3단락 순차통역[4]

간략히 노트테이킹하며 단락전체를 듣고 통역합니다.

설명

01. 1단락 설명

1998年全运会之后，我萌生了退意，当时想努力了这么久才得到全国的第四名，是不是该找工作了？当时有一个机会来了，在一次集训之后，正好国家队有一个庆典比赛，没有想到在这次比赛中我超常发挥的水平让教练看中了，觉得我很有潜力的，我就进入了国家队。

1) 庆典比赛 qìngdiǎn bǐsài

庆典은 庆祝典礼의 약어로 庆典比赛는 경축 기념 시합을 말합니다. 각종 축제를 대행하는 업체(이벤트 기획사)는 庆典公司라고 합니다.

2) 我超常发挥的水平让教练看中了。

평소보다 뛰어난 기량을 발휘하여 감독님 눈에 들었습니다.
'看中'은 '보고 마음에 들다'는 의미로 '中'이 '맞히다'는 의미일 때는 zhòng(4성)으로 읽습니다.
　예) 中奖 zhòngjiǎng 복권에 당첨되다

'看中'의 활용 예를 살펴보면:
　企业看中什么能力? 기업에선 어떤 능력을 맘에 들어하나요?
　女人最看中男人哪方面?여자들은 남자의 어떤 면에 가장 반하나요?

02. 2단락 설명

在1996年奥运会的时候，经过我多年的努力，终于破了三项世界记录，拿了奥运冠军，这时候很兴奋，鲜花和掌声包围着我。我获得了充满酸甜苦辣的金牌。放下杠铃的那一时刻，我双臂振呼，亲吻杠铃。

1) 放下杠铃 바벨을 내려놓다

放은 영어의 put처럼 활용도가 아주 높은 동사입니다. 내려놓거나 집어넣는 동작과 관련된 표현에는 放을 사용합니다.
　예) 저는 커피에 설탕 넣는 걸 좋아해요. 我喜欢咖啡里放糖。(fàngtáng, 설탕을 넣다)
　　소금 조금 넣으세요. 放少量的盐巴吧。(yánbā, 소금)
　　지갑을 핸드백 속에 집어넣다 把钱包放进手提包里。(qiánbāo, 지갑/ shǒutíbāo, 핸드백)

2) 拿了冠军 1등을 하다/ 获得了金牌 금메달을 따다

〈경기 관련용어〉

冠军 guànjūn 1등, 우승	亚军 yàjūn 2등, 준우승	季军 jìjūn 3등
金牌 jīnpái 금메달	银牌 yínpái 은메달	铜牌 tóngpái 동메달
锦标赛 jǐnbiāosài 선수권대회	决赛 juésài 결승전	半决赛 bànjuésài 준결승
联赛 liánsài 리그전	热身赛 rèshēnsài 평가전	淘汰赛 táotàisài 토너먼트

举重 jǔzhòng 역도	赛季 sàijì (경기)시즌	拳击 quánjī 권투
进球庆祝 jìnqiú qìngzhù 골 세리머니	摔跤 shuāijiāo 레슬링	田径 tiánjìng 육상경기
艺术体操 yìshùtǐcāo 리듬체조	花样滑冰 huāyàng huábīng 피겨스케이트	花样游泳 huāyàng yóuyǒng 수중발레(싱크로나이즈드)

03. 3단락 설명

在此，我衷心感谢长期以来一直支持我的家人、关心我培养我的教练，感谢长期关心的各界人士，以及跟我并肩作战的中心朋友。没有你们的关心和支持，就没有我的今天。我的目标就是为中国的竞技体育做贡献，力争以更多的奖牌来报答大家对我的支持。谢谢大家!

1) 감사의 표현을 통역할 때는 감사 대상을 누락하지 않도록 주의합니다.

한중 언어간에 어순이 다른 관계로 한국어에선 대상을 한참 나열한 뒤 '00님 감사합니다'라고 표현이 되겠으나, 중국어에선 '感谢'등의 동사가 먼저 나와서 통역에 어려움을 느낄 때가 있습니다. 특히 동시통역의 경우가 그러한데, 이러한 경우 말을 짧게 끊어서 통역하는 것도 한 방법입니다. 즉, "감사합니다. OOO님들 감사합니다"와 같이 동사를 한번 더 반복하는 겁니다.

2) 본 텍스트에선 인명 기관명칭 등이 생략되어있지만, 실제 상황에선 이름 등이 직접 길게 나열되므로 통역에 임할 때는 가급적 조사할 수 있는 배경자료는 철저히 조사하여 준비하는 자세가 필요합니다.

응용실습

01. 다시 말하기(重述)

1) 전체 문단 중 이야기를 비교적 기억하기 쉬운 단락을 선택해보세요

2) 선택한 단락의 내용을 중국어로 다시 말해보세요.

02. 텍스트 확인 ( ) 넣기 13-06.mp3

음성을 들으며 빈칸에 들어갈 단어를 적어 보세요.

<举重选手经验谈>[5]
1998年(①______)之后，我萌生了退意，当时想努力了这么久才(②______)全国的第四名，是不是该找工作了？当时有一个机会来了，在一次(③______)之后，正好国家队有一个(④______)，没有想到在这次比赛中我(⑤______)发挥的(⑥______)让教练看中了，觉得我很有潜力的，我就(⑦______)了国家队。在1996年奥运会的时候，经过我多年的努力，(⑧______)三项世界记录，拿了奥运冠军，这时候很兴奋，鲜花和掌声(⑨______)我。我(⑩______)了充满酸甜苦辣的金牌。放下杠铃的那一时刻，我(⑪______)，亲吻杠铃。在此，我衷心感谢长期以来一直支持我的家人、关心我(⑫______)的教练，感谢长期关心的各界人士，以及跟我并肩作战的(⑬______)朋友。没有你们的关心和支持，就没有我的今天。我的目标就是为中国的(⑭______)做贡献，(⑮______)以更多的(⑯______)来报答大家对我的支持。谢谢大家! (来源:浙江人文大讲堂:《奥林匹克运动与人文精神》)

통역연습

01. 예시답안활용연습

다음 연습방법 중 최소 1가지 방법을 선택하여 연습하며 녹음한 뒤 예시답안과 비교해 보세요.

1) 중중 섀도윙: 중국어 텍스트를 가리고 중국어 음성을 들으며 중국어로 섀도윙 연습을 해보세요.
2) 중한통역: 예시답안 전체를 가리고 중국어 음성을 들으며 한국어로 통역하여 녹음 후 비교해 보세요.
3) 한중통역: 한국어 예시답안을 보며 중국어로 문장구역을 해보세요.

13-07.mp3

텍스트 13-1	예시답안
其实演讲不敢当，一个小学都还没有毕业的人，站在最高学府的讲台上，不够资格去演讲。我只能够用我人生的经历去简单地给大家介绍一下。我从11岁开始，有幸代表中国去全世界访问。比如，去美国的时候见到尼克松，我去过非洲十几个国家，伊拉克、叙利亚都去过。到16岁，我开始越来越有主见，所以我就选择了拍电影。第一部电影《少林寺》拍完以后，突然有一个人拿了600万元的支票给我，要我拍两部电影。600万，在1982年那个年代里是多么大的诱惑。我真的很想拿，但是不行，你属于单位，你属于国家，就要全部上交。所以我对社会、对老师、对长辈、对很多东西都觉得不公平。我拍了《少林寺》以后，腿断了，非常严重。当时七个小时的手术结束以后医生告诉我，我们可以开一个三级残废证，至于能不能拍电影不知道。差不多全亚洲都知道我很辉煌的时候，我自己面对人生最大的坎坷。	사실 영 송구스럽네요, 초등학교도 졸업하지 못한 사람이 최고 학부 강단에 서서 연설할 자격도 없는데 말입니다. 제가 살면서 겪은 걸 여러분께 간단히 소개하도록 하겠습니다. 전 운 좋게 11살 때부터 중국을 대표해서 전세계를 다녔습니다. 예를 들면, 미국에 갔을 때는 닉슨을 만났고, 아프리카 십여개 국도 가보았고, 이라크 시리아 전부 가 봤습니다. 16살 되어서는 제 주관이 갈수록 뚜렷해져서, 영화 찍기를 선택했습니다. 첫 작품《소림사》를 찍고 나니, 느닷없이 어떤 이가 600만 위안 수표를 제게 들고 와서 영화 두 편을 찍자고 했습니다. 1982년 당시 600만 위안은 얼마나 큰 유혹입니까? 전 정말 갖고 싶었지요. 그렇지만 그럴 수는 없었습니다. 기관에 속해있고, 국가에 속해있어서 전부 상납했어야 했습니다. 그래서 저는 사회와 선생님 어른들 등 모든 것이 불공평하다고 생각했습니다. 저는《소림사》를 찍고 난 뒤, 다리가 부러졌는데, 상당히 심각했지요. 그때 7시간 동안 수술이 끝난 뒤에 의사 선생님은 제게 3급 장애인증명서를 끊어줄 수 있다고 하면서 영화를 찍을 수 있을지는 모르겠다고 했습니다. 아시아 전역에서 거의 다 저를 아는 그런 잘 나가던 때에 저는 인생 최대의 위기에 부닥쳤습니다.

13-08.mp3

텍스트 13-2	예시답안
1998年全运会之后，我萌生了退意，当时想努力了这么久才得到全国的第四名， 是不是该找工作了?当时有一个机会来了， 在一次集训之后，正好国家队有一个庆典比赛，没有想到在这次比赛中我超常发挥的水平让教练看中了，觉得我很有潜力的，我就进入了国家队。在1996年奥运会的时候， 经过我多年的努力，终于破了三项世界记录，拿了奥运冠军，这时候很兴奋，鲜花和掌声包围着我。我获得了充满酸甜苦辣的金牌。放下杠铃的那一时刻，我双臂振呼，亲吻杠铃。在此，我衷心感谢长期以来一直支持我的家人、关心我培养我的教练，感谢长期关心的各界人士，以及跟我并肩作战的中心朋友。没有你们的关心和支持，就没有我的今天。我的目标就是为中国的竞技体育做贡献， 力争以更多的奖牌来报答大家对我的支持。谢谢大家!	1998년 전국체전이 끝나고 저는 은퇴를 생각하기 시작했습니다. 이렇게나 오랫동안 노력했는데도 고작 전국 4위라니, 다른 직업을 찾아야 하는 것은 아닐까 하고 생각했습니다. 그런데 기회가 왔습니다. 합숙 훈련이 끝나고 마침 국가 대표팀 경축 시합이 있었는데, 생각지도 못하게 이 시합에서 평소보다 뛰어나게 실력을 발휘했고 그 덕에 감독님 눈에 들게 되었습니다. 감독님께선 저의 가능성을 보셨고, 전국가 대표팀에 발탁되었습니다. 저는 몇 년간 노력한 끝에 1996년 올림픽에서 세계 신기록을 3개 세웠고, 금메달을 땄습니다. 그 때는 정말 들떴고, 꽃다발 박수소리에 파묻혔습니다. 저는 온갖 감회 어린 금메달을 땄습니다. 바벨을 내려놓던 그 순간, 전 두 팔을 번쩍 들고 바벨에 입을 맞췄습니다. 이 자리를 빌어 오랫동안 저를 격려해준 저의 식구들, 관심 있게 봐 주시고 키워주신 감독님, 줄곧 지켜 봐 주신 각계 인사 여러분과 또 저와 나란히 시합했던 센터 동료들에게도 진심으로 감사드립니다. 여러분들의 관심과 지지가 없었다면 오늘의 저는 없었을 겁니다. 제 목표는 중국 스포츠 경기에 이바지하고 더 많은 메달로써 저를 아껴주시는 여러분께 보답하는 것입니다. 감사합니다.

02. 한중 통역 13-09.mp3

한국어를 듣고 중국어로 통역해보세요

1.
2.
3.
4.
5.
6.
7.
8.
9.
10.

03. 음성을 잘 듣고 각 문장의 번역이 맞으면 T, 틀리면 F를 기입하세요.

1. 수술이 끝난 뒤에 저는 인생 최대의 위기에 부닥쳤습니다. (　　)
2.저는 미국 이라크 등 십여개 국을 가봤습니다. (　　)
3. 마침내 저는 전국체전에 참가했고, 신기록을 4개 세웠습니다. (　　)
4. 당시 이렇게 조금 노력하고서도 금메달을 따니, 나는 꽤 잠재력이 있다고 생각했습니다. (　　)

04. 통역 도전

텍스트 일부를 변형한 내용입니다. 음성을 잘 듣고 통역해 보세요.

1.

2.

쉬어가기

[한국 영화·드라마 타이틀, 중국어 번역은?]

시티헌터 城市猎人	시크릿 가든 秘密花园
검사 프린세스 检察官公主	보스를 지켜라 守护boss
구미호-여우누이뎐 我的女友是九尾狐	공주의 남자 公主的男人
성균관 스캔들 成均馆绯闻	내 마음이 들리니? 你能听到我的心吗?
제빵왕 김탁구 面包王金卓求	최고의 사랑 最佳爱情
바람불어 좋은 날 吹着风的好日子	포세이돈 波赛冬
로열패밀리 皇家	가시나무 새 荆棘鸟
자이언트 GIANT/巨人	마리는 외박중 玛丽外宿中
태극기 휘날리며 太极旗飘扬	사랑이 뭐길래 爱情是什么啊?
엽기적인 그녀 我的野蛮女友	가을동화 蓝色生死恋
올인AL·IN 真爱赌注 又名洛城生死恋	겨울연가 冬季恋歌
미녀는 괴로워 丑女大变身	대장금 大长今
내 이름은 김삼순 我的名字叫金三顺	쉬리 生死谍变
웰컴투 동막골 欢迎来到东莫村	허준 医道
파송송 계란탁 拉面人生	순풍산부인과 顺风妇产科
말죽거리 잔혹사 高校往事	신데렐라 언니 灰姑娘的姐姐
청춘의 덫 青春的陷阱	옥탑방 고양이 阁楼男女
토마토 忽然情人 又名<番茄>	풀하우스 浪漫满屋
굳세어라 금순아 加油, 金顺	타짜 老千
러브스토리 인 하버드 爱在哈佛	불꽃 火花
발리에서 생긴 일 巴厘岛的故事	하늘이시여 天可怜见
목욕탕집 남자들 澡堂老板家的男人们	파리의연인 巴黎恋人

태극기 휘날리며

가을동화

순풍 산부인과

[1]

1) 最高学府　2) 讲台　3) 用　4) 经历　5) 有幸　6) 比如
7) 叙利亚　8) 拍电影　9) 第一部　10) 突然　11) 拿了　12) 诱惑
13) 属于单位　14) 上交　15) 对长辈　16) 严重　17) 手术结束　18) 开
19) 至于　20) 面对

[2] 1단락 노트테이킹 예

98전, 퇴, 才4 ? / 기 훈 口 ↑发 中 · 口

기호설명: 98전(전국체전), 퇴(은퇴), 才(겨우) 4(4등) ?(=是不是该找工作了?)/ 기(기회) 훈(합숙훈련) 口(국가대표팀) ↑发(뛰어나게 실력발휘) 中(看重) · (잠재력: 땅밑에 파묻힌 모습을 형상화함) 口(국가대표팀)

[3] 2단락 노트테이킹예

96op 노 3w ↑ ◎ ~금/ 바~

기호설명: 96 op(올림픽) 노(노력) 3w(세계신기록 3종목) ↑(흥분) ◎(둘러싸다) ~금(~한 금메달)/ 바~(바벨과 그 다음내용연상)

[4] 3단락 노트테이킹예

Th~(h, 감, 각, 友) / ×=× ⊙=为Cs 상→보

기호설명: Th~(h, 감, 각, 友) (Th: 감사, thanks) ~(h, 감, 각, 友) (h: home, 家人, 감: 감독, 각:각계인사, 友:친구, ~는 각 단어 앞의 꾸밈어를 연상) / ×=×(없었다면 없었을 것이다) ⊙=为Cs(⊙=목표는 为Cs 중국 스포츠경기 발전을 위해), 상→보(상을 타서 보답)

[5]

1) 全运会　2) 得到　3) 集训　4) 庆典比赛　5) 超常　6) 水平
7) 进入　8) 终于破了　9) 包围着　10) 获得　11) 双臂振呼　12) 培养我
13) 中心　14) 竞技体育　15) 力争　16) 奖牌

부록

정답

정답

제 1 과

01. 선택하기

1. (逐步口译 ⑦ 순차통역)
2. (同步口译 ③ 동시통역)
3. (视译 ⑩ 문장구역)
4. (举行 ② 거행하다)
5. (亚洲运动会 ⑥ 아세안게임)
6. (结婚 ⑤ 결혼하다)
7. (计算机 ① 컴퓨터)
8. (发明 ⑫ 발명하다)
9. (近代 ⑧ 근대)
10. (科学 ④ 과학)
11. (飞跃 ⑨ 비약)
12. (发展 ⑪ 발전)

02. 중한 통역연습

1. 运动会将于十月五号举行。 Yùndònghuì jiāng yú shí yuè wǔ hào jǔxíng。	운동회는 10월 5일에 합니다.
2. 亚洲运动会将于十月五号举行。 Yàzhōu yùndònghuì jiāng yú shí yuè wǔ hào jǔxíng。	아세안게임은 10월 5일에 합니다.
3. 计算机的发明, 使近代科学有了飞跃的发展。 Jìsuànjī de fāmíng, shǐ jìndài kēxué yǒu le fēiyuè de fāzhǎn。	컴퓨터 발명으로 근대과학은 대단히 발전했습니다.
4. 今天晚上开会。Jīntiān wǎnshàng kāihuì。	오늘 저녁 회의 있습니다.
5. 明天我的学长举行婚礼。 Míngtiān wǒ de xuézhǎng jǔxíng hūnlǐ。	내일 선배 결혼식 있어.

03. [예시 답안]

민속촌 관광 통역을 위한 준비 사항

1. 중국측 회사명, 중국 사장 성함 및 한국회사 방문 목적
   - 방문 목적은 특히 양측 사장이 관광하면서 나눌 수 있는 대화와도 관련이 있으므로 미리 알아두고, 관련용어를 준비하면 좋다.
2. 민속촌에 가는 차편 거리 시간 및 당일 일정
3. 민속촌 관광 중문 안내책자 및 민속촌 관련 중국어 어휘 습득
4. 점심(저녁) 메뉴
   - 식사하면서 메뉴나 요리 재료 등에 대화를 나누는 경우가 많으므로 김치 오이 버섯 국 등등의 음식 관련 용어도 확인하는 것이 좋다.
5. 날씨 관련 표현
6. 간단한 메모지와 단정한 옷차림

제 2 과

01. 통역연습- 예시답안 활용연습 참조

02.

한국어 음성	통역 예시답안
1. 우선 여러분이 한국에 놀러 오신 것을 정말 환영합니다.	首先热烈欢迎各位到韩国来观光。
2. 제가 도와야 할 문제가 있습니까?	有什么问题需要我帮忙吗?
3. 어디 불편한 데 있으십니까?	有什么不舒服的地方吗?
4. 제가 도와야 할 문제나 불편한 점 있으시면 언제든지 찾아 주세요.	如果有什么问题需要我帮忙, 或者有什么不舒服的地方, 请随时找我。
5. 한국은 중국보다 (시간이) 1시간 빨라요.	韩国时间比中国快一个小时 。
6. 국회 의사당 방송국이 전부 다 이곳에 있어요.	国会大楼、电视台都在这里
7. 그저께 저는 홍콩의 어떤 신문을 읽었어요.	前天我看到香港有一份报纸
8. 저는 이제껏 명예학위를 받아 본 적이 없습니다.	我从来不接受荣誉学位。
9. 저는 이 점에 프라이드를 느낍니다.	我为此感到自豪
10. 저는 아시아 금융위기를 극복했습니다.	我克服了亚洲金融危机。

03.

1. 음성: 韩国时间比中国快一个小时。

   (정답) ②

2. 음성: 高楼大厦、电视台都在这里。

   (정답) ①

3. 음성: 2003年, 17个国家都有赤字, 不包括一些发达的大国。

   (정답) ①

4. 음성: 从机场到国会大楼需要35分钟。

   (정답) ②

제 3 과

01. 통역연습-예시답안 활용연습 참조

02.

한국어 음성	통역 예시답안
1. 북경대에 진심으로 감사드립니다.	我衷心感谢北京大学。
2. 북경대는 제게 명예교수직을 주셨습니다.	北京大学授予我名誉教授的称号。
3. 제게 명예교수직을 주신 북경대에 진심으로 감사드립니다.	我衷心感谢北京大学授予我名誉教授的称号。
4. 19세기 세계경제중심지는 런던이었다.	十九世纪世界的经济中心在伦敦。
5. 이건 인사치레로 하는 말이 아닙니다.	这不是客套。
6. 교통체증을 고려해야 합니다.	需要考虑到交通高峰问题。
7. 1시간 앞당겨 출발합니다.	提前1个小时出发
8. 여행객들은 교통체증을 고려하여 1시간 앞당겨 출발하는 것이 좋습니다.	旅客需要考虑交通高峰问题， 最好提前1个小时出发。
9. 중앙 로비 2층	中央大厅2楼
10. 중앙 로비 2층에는 비지니스센터가 있습니다.	中央大厅2楼有商务中心和商务中心。

03.

1. 음성: 我上面讲的话，真的不是客套。

   (정답) ②

2. 음성: 幸亏我是新闻工作者。

   (정답) ①

3. 음성: 拿到机票以后，到3楼办理手续。

   (정답) ①

4. 음성: 这里出售各种商品，如纪念品、服装、高尔夫球用品等等。

   (정답) ②

제 4 과

01. 통역연습-예시답안 활용연습 참조

02.

한국어 음성	통역 예시답안
1. 1992년에 수교를 맺었다.	在1992年建交
2. 한중 양국은 1992년에 수교를 맺었다.	韩中两国在1992年建交
3. 월드컵 / 응원단	世界杯、啦啦队
4. 서울 올림픽 / 금융위기	首尔奥运会、金融危机、
5. 열광하다	狂热
6. 자가용에 열광하다.	对轿车狂热
7. 중국은 자가용에 열광한다.	中国对轿车狂热
8. 사회적 지위의 상징	社会地位的象征
9. 사회적 지위의 상징이 되었다	成了社会地位的象征
10. 자동차 번호판은 사회적 지위의 상징이 되었다.	汽车牌照成了社会地位的象征

03.

1. 음성: 数字扮演着第二语言的角色。

   (정답) ②

2. 음성: 其他国家像中国对轿车这么狂热。

   (정답) ①

3. 음성: 国民生产总值已居世界第11位。

   (정답) ①

4. 음성: 中国人轻视韩国的想法彻底改变。

   (정답) ②

제 5 과

01. 통역연습- 예시답안 활용연습 참조

02.

1.	중한 우호협력	中韩友好合作
2.	중한 우호협력에 오랫동안 힘쓰다	长期致力于中韩友好合作
3.	중한 우호협력에 오랫동안 힘써온 양국의 각계인사	长期致力于中韩友好合作的两国各界人士
4.	중한 우호협력에 오랫동안 힘써온 양국의 각계인사께 경의를 표합니다.	我要向长期致力于中韩友好合作的两国各界人士表示敬意。
5.	생산량을 확대하다	扩大产量
6.	맹목적으로 생산량을 확대하다	盲目扩大产量
7.	우리는 생산량을 마구잡이로 늘리지는 않았다.	我们没有盲目扩大产量。
8.	대충 대충하다	马马虎虎
9.	신사 숙녀 여러분	女士们, 先生们
10.	존경하는 의장님, 대표님들, 그리고 신사 숙녀 여러분	尊敬的主席先生, 各位代表, 女士们, 先生们。

03.

1. 음성: 今天, 同各位议员见面, 我感到十分高兴。

   (정답) ②

2. 음성: 两国人民共同创造了灿烂的东方文明。

   (정답) ②

3. 음성: 对质量意识有了强烈的刺激。

   (정답) ①

4. 음성: 当时生产的冰箱就供过于求。

   (정답) ②

제 6 과

01. 통역연습- 예시답안 활용연습 참조

02.

한국어 음성	통역 예시답안
1. 얻는 게 많을 수록 잃는 것도 많다	得到的越多, 失去的就越多
2. 여름휴가(여름방학)을 보내다	过暑假
3. 집에서 에어컨을 쐬다	在家里吹空调
4. 나는 막 졸업한지 얼마 안됐다	我刚毕业不久
5. 나는 막 졸업한지 얼마 안됐고 또 어렸다.	我刚毕业不久, 还很年轻
6. 갈수록 적어진다	越来越少
7. 가족과 함께 있는 시간이 갈수록 적어진다.	我和亲人在一块儿的时间越来越少
8. (당신을)실망시켰다.	让您失望
9. 실망시켜드리지 않겠습니다.	不会让您失望
10. 돈벌이가 최고는 아니다	挣钱不是最主要的

03.

1. 음성: 我喜欢在家里冲冲凉, 吃吃红豆冰。

   (정답) F 에어컨 쐬다→ 팥빙수 먹다
2. 음성 你能给我们提一些过寒假的建议吗?

   (정답) T
3. 음성: 目前对我来说, 最重要的就是积累经验的。

   (정답) F 스스로를 키우다→ 경험을 쌓다
4. 음성: 你知道一名公众人物所面临的挑战是什么吗?

   (정답) F 광고 마케터→ 공인, 유명스타

제 7과

01. 통역연습- 예시답안 활용연습 참조

02

한국어 음성	통역 예시답안
1. 정말 섭섭합니다	很遗憾
2. 가신다니 정말 섭섭합니다	很遗憾您要走了。
3. 천천히 생각하다	慢慢考虑
4. 앞으로 일은 천천히 생각할래요	今后的事情我会慢慢考虑。
5. 저를 격려해 주셔서 여러분 정말 감사합니다	非常感谢你们对我的支持。
6. 큰 변화가 생기다	发生巨大变化
7. 심적 스트레스를 풀다	摆脱心理上的压力
8. 하고 싶은 일들이 많다	有许多想做的事情
9. 지금은 아무 것도 하고 싶지 않아요	现在什么都不想做了
10. 당연히 우리가 할 일을 한 겁니다.	这是我们应该做的啊。

03.

1. 음성: 我先介绍一下我们世界进出口公司的负责人张经理。

   (정답) F 연구개발부 →세계수출입회사

2. 음성: 晚上5:30 我派车来接你们。

   (정답) T

3. 음성: 现在什么都想做, 今后会发生巨大变化。

   (정답) T

4. 음성: 你在这次比赛又拿到奥运亚军, 现在感觉怎么样?

   (정답) F 금메달 → 은메달

제 8 과

01. 통역연습- 예시답안 활용연습 참조

02.

한국어 음성	통역 예시답안
1. 요즘 무슨 특별 이벤트 있나요?	你们最近有什么优惠活动吗?
2. 따로 따로 포장해서 호텔로 배달해주세요.	这些都要一个个包装。我希望把它们送到饭店。
3. 재래시장에서 물건사다	到老市场去购物
4. 재래시장에서 물건사면 속지는 않나요?	到老市场去购物会不会受骗呢?
5. 이 청바지 칼라 스타일 다 좋은데요	这件牛仔裤, 颜色、式样都很好。
6. 원가가 비싼 건 압니다만, 25% 싸게 해주세요.	我知道你们的成本很高, 但我希望能得到七五折。
7. 일년치 주문	一年的订单
8. 일년치 주문을 보장받다	(给我们)保证一年的订单
9. 일년치 주문을 보장한다면 어떻겠습니까?	如果我们保证给您一年的订单怎么样?
10. 상사 지시를 들어봐야 합니다	我必须先向我的上司请示。

03.

1. 음성: 这件皮夹克30万元。我们目前在打七五折。
   (정답) T
2. 음성: 我们接下来的两个月需要采购15000个, 如果我们保证给您三年的订单怎么样?
   (정답) T
3. 음성: 合同上的价格不是零售价, 是批发价。
   (정답) T
4. 음성: 这件黑色的牛仔裤有没有中号的?
   (정답) T

제 9 과

01. 통역연습- 예시답안 활용연습 참조

02.

한국어 음성	통역 예시답안
1. 한국 유행가와 영화 TV드라마 작품	韩国流行歌曲和影视剧作品
2. 한국 유행가와 영화 TV드라마는 중국인들한테 인기다	韩国流行歌曲和影视剧作品受到许多中国人的喜爱。
3. 한국 유행가와 영화 TV드라마는 중국인들, 특히 젊은 층한테 인기다	韩国流行歌曲和影视剧作品受到许多中国人，特别是年轻人的喜爱。
4. 서울에서 간판을 내걸었다	在首尔落成挂牌
5. 아시아의 첫 번째 중국문화센터	亚洲第一个中国文化中心
6. 아시아에서 처음으로 중국문화센터가 서울에 개원했다	亚洲第一个中国文化中心在首尔落成挂牌。
7. 중국문화를 체험하는 창구를 제공했다	提供了体验中国文化的窗口
8. 출국하지 않고도 이해하고 체험할 수 있다	不出国门就能了解体验。
9. 한국친구들이 출국하지 않고도 중국문화를 이해하고 체험할 수 있는 창구를 마련했다.	为韩国朋友提供了不出国门就能了解体验中国文化的窗口。
10. 통계에 따르면, 현재 주중 한국 유학생수는 대략 4만3천명이다	据统计，目前在华韩国留学生人数约4.3万名。

03.

1. 음성: 据统计，目前在韩中国留学生人数约4.3万名。

   (정답) F 한국에 있는 중국 유학생

2. 음성: 日益成为时尚。

   (정답) F 갈수록 유행한다

3. 음성: 世界上第二个中国孔子学院在法国落成挂牌。

   (정답) T

4. 음성: 韩国流行歌曲受到许多中国人，特别是年轻人的喜爱。

   (정답) F 번역문에서 영화 드라마 삭제

제 10 과

01. 통역연습- 예시답안 활용연습 참조

02.

한국어 음성	통역 예시답안
1. 나에게 편지를 썼다	写信给我
2. 어떤 여학생이 내게 편지를 썼다	有一位女同学写信给我。
3. 몇 년 전에 어떤 여학생이 내게 편지를 쓴게 생각납니다.	我记得几年前有一位女同学写信给我。
4. 그 여학생은 이과생이었지만, 문과로 전과하길 원했습니다.	那位女同学在理科学习, 可她却希望转到文科去
5. 오늘날 사회는 너무 빠르게 변해서, 한평생 한 직장에서 근무하는 사람은 드뭅니다	今天的社会变化太快了, 很少有一个人一辈子就在一个单位工作
6. 특징을 지닌다	具有特点。
7. 촉진하는 역할이 명확한 특징을 지닌다	具有促进作用明显的特点。
8. 관광산업은 다른 업종을 발전시키는 두드러진 특징을 지니고 있습니다.	旅游业具有对其他行业促进作用明显的特点。
9. (발전) 전망이 밝다	发展前景很好
10. 관광산업은 전망이 밝아서, "유망산업"으로 일컬어지고 있다.	旅游业发展前景很好 , 被誉为"朝阳产业"。

03

1. 음성: 这几年转系的比例, 从3%提高到11%。
   (정답) F 10% → 11%
2. 음성: 旅游业已经成为重要产业。
   (정답) F 유망산업→ 주요산업
3. 음성: 当今世界, 经济全球化进程加快, 信息化建设正日益影响着人们的生活, 也影响着中国旅游业发展。
   (정답) F 과학기술 삭제
4. 음성: 我们必须使年轻人能够应对这种变化的社会, 这是企业的任务。
   (정답) T

04.

1. 통역 예: 전과하기를 원하는 여학생이 있었는데, 소속 학부 학과장은 여러모로 조건이 이렇게 좋은 학생이 왜 전과를 하려고 하느냐며 허락하지 않았습니다. 또 다른 학생들한테 미칠 영향도 고려해서 그런 거였죠. 그 여학생은 하는 수 없어서 제게 편지를 보냈습니다. 정말로 문과로 전과하고 싶다고 말이죠.
   음성: 有一位女同学希望转系。所在院系领导觉得很奇怪, 她各方面条件这么好, 为什么还要转系? 系里怕影响大家, 没同意她的转系申请。她没办法, 就写信给我, 说她真心希望转到文科去。
2. 통역 예: 중국사회가 경제적으로 번영하고 국민 생활수준이 높아지면서 관광산업은 지속적으로 빠르게 발전하고 있습니다. 관광은 경제 사회 문화를 발달시키고 사람들을 전반적으로 발전시킨다는 생각이 갈수록 넓게 인식되고 있습니다.
   음성: 随着中国经济社会繁荣发展, 人民生活水平不断提高, 旅游业持续快速健康发展。旅游促进经济发展、社会进步、文化繁荣, 促进人的全面发展, 日益成为广泛共识。

01. 통역연습- 예시답안 활용연습 참조

02.

한국어 음성	통역 예시답안
1. 앰뷸런스	急救车
2. 구조대원 셋이서 저를 앰뷸런스에 실어 올렸습니다.	三个救火队员把我抬到急救车上。
3. 사람 살려!	救我一命!(救命呀)!
4. 수술하다	做手术
5. 5시간 반 동안 수술을 했다	做了5个半小时的手术
6. 나는 세계무역센터 1동 로비로 힘차게 들어섰다	我迈进了世贸一号楼的大厅
7. 젊은 층은 한국드라마에 빠져있다	年轻一代迷恋韩国的电视剧
8. 우리가 어떻게 융합하느냐는 중요한 문제다	我们怎么样达到融合,这是很重要的。
9. 요즘 소비자는 일본 화장품을 바른다	最近消费者抹日本的化妆品。
10. 이제껏 그렇게 아파 본 적이 없었다.	我从来没有那么疼痛过。

03.

1. 음성: 早晨9:46左右, 我提着公文箱迈进了公司所在的世贸二号楼的大厅。
   (정답) F 8:46→ 9:46, 1동→ 2동
2. 음성: 我的腿做了6个半小时的手术后, 我的命得救了!
   (정답) T
3. 음성: 老年一代, 迷恋韩国的电视剧, 爱看法国的动画片, 而且喷德国的香水, 抹日本的化妆品。
   (정답) F 미국향수→ 독일향수
4. 음성: 最近消费者首选的商品依然是国内产品, 尤其是老年一代, 还喜欢传统产品。
   (정답) T

04.

1. 통역 예: 911사건이 터졌을 때 건물에 있는 사람들은 본능적으로 구조센터가 있는 뒷문으로 달려갔고, 뛸 수 있는 사람들은 전부 다 뛰었습니다. 하지만 저는 그저 바닥에 드러누워 있을 수 밖에 없었습니다. 구조대원이 지나가는 걸 볼 때마다 저 좀 부축해서 옮겨 달라고 애원했습니다.

   음성: 911事件发生的时候, 在屋里的人都本能地往救火中心的后门跑, 能跑的就都跑了。而我只得躺在地上。每看到有救火队员经过, 我就恳求他们把我扶远一点。

2. 통역 예: 문화는 어떤 직업이던 어느 국가던 모두에게 중요한 핵심개념입니다. 저는 최근 몇 년 동안 문화산업계에서 느낀 점을 여러분과 나누고자 합니다. 문화는 이미 국가 발전전략의 핵심개념이 되었다는 점을 말씀드려야겠습니다. 이상입니다. 감사합니다.

   음성: 文化无论对于一个行业、对于一个国家来说都是一个重要的核心概念。我想跟大家分享一下这些年来关于文化产业方面的一些心得。我们应该说文化现在已经变成了国家发展战略当中的一个核心概念。我的发言到此结束, 谢谢大家!

제 12 과

01. 통역연습- 예시답안 활용연습 참조

02.

한국어 음성	통역 예시답안
1. 변호사를 하다 (변호사가 되다)	做律师
2. 국가 사법고시에 응시하다	参加全国司法考试
3. 변호사가 되려면 국가 사법고시에 응시해야 한다	做律师就要参加全国司法考试
4. 비참한 경우	悲惨的遭遇
5. 무척 비참한 경우를 겪다	受到非常悲惨的遭遇
6. 위기를 벗어나다	走出危机
7. 금융위기를 벗어났다	走出了金融危机
8. 한국은 아시아 금융위기를 벗어났다	韩国走出了亚洲金融危机。
9. 실업률은 3% 이하이다	失业率在3%以下。
10. 이건 상당히 대단한 걸로 생각됩니다.	我觉得这个是相当了不起的。

03.

1. 음성: 在监狱的时候，他开始接触到当时社会的阴暗面。

   (정답) F 변호사가 된 뒤로 → 감옥에 있을 때

2. 음성: 他一直为这些军人辩护。

   (정답) F 학생들 → 군인들

3. 음성: 台湾在2003年走出了国际金融危机的阴影。

   (정답) F 아시아 → 국제

4. 음성: 韩国在1999年年初，外汇储备不到200亿美元。

   (정답) F 년말 → 년초

04.

1. 통역 예: 그 사람은 열 아홉살부터 정치활동을 시작해서 올해 78세로 은퇴했으니 거의 60여년의 세월을 모두 정치판에서 보낸 건데, 온갖 고초로 얼룩진 정치 일생이었습니다. 대학도 안 다니고 독학으로 변호사 자격을 취득했지요.

   음성: 他从19岁开始从事政治活动，今年退休是78岁，将近六十年的岁月全部是在政治运动中渡过的，而且他的政治生涯充满了风险。他没有读过大学，通过自学考试才取得了律师的资格。

2. 통역 예: 올해 국민경제발전 예측 목표는 7%로 정했습니다. 국제 금융위기 등 여러 가지 각종 불리한 요소들을 고려해서 정한 겁니다. 올해 일사분기 성장률은 작년 동기대비 7.5%입니다.

   음성: 今年国民经济发展的预测的目标定为7%，是经过考虑了各方面的不利因素，包括国际金融危机等等因素来考虑制定的。今年第一季度的增长率比去年同期增长7.5%。

제 13 과

01. 통역연습- 예시답안 활용연습 참조

02.

한국어음성	통역 예시답안
1. 장애인 증명서를 떼다	开残废证
2. 아시아 전체가 나를 안다	全亚洲都知道我
3. 아시아 전체가 나를 알던 화려한 시기	全亚洲都知道我很辉煌的时候
4. 인생 최대의 난관(좌절)	人生最大的坎坷
5. 인생 최대의 난관에 부딪치다	面对人生最大的坎坷
6. 아시아 전체가 거의 나를 알던 화려한 시기에 인생최대의 난관에 직면했다.	差不多全亚洲都知道我很辉煌的时候，我自己面对人生最大的坎坷
7. 내려놓다	放下
8. 바벨을 내려놓다	放下杠铃
9. 오랫동안 저를 끊임없이 지지해준 식구들 진심으로 감사합니다.	我衷心感谢长期以来一直支持我的家人
10. 더 많은 메달로 보답하다	以更多的奖牌来报答

03.

1. 음성: 我腿断以后面对人生最大的坎坷。

   (정답) F 수술이 끝난 뒤→ 다리가 부러진 뒤
2. 음성: 我去过十几个国家，美国、叙利亚都去过。

   (정답) F 이라크→ 시리아
3. 음성: 终于我参加了全运会，我破了四项记录。

   (정답) T
4. 음성: 当时想努力了这么短就获得金牌，觉得我很有潜力的。

   (정답) T

04.

1. 통역 예: 액션배우로써 저는 대통령도 많이 만나봤고, 부자나 세력가도 많이 만났고 마피아도 만나봤습니다. 저는 "폭력은 문제를 해결할 수 있는 방법이 아니란 점"을 강조하고 싶습니다. 제 영화에 이런 생각을 담아내고 싶습니다.

   음성: 作为一个动作演员，我见过很多总统，见过很多有钱有势的人，见过黑社会。我愿意强调，"暴力不是解决问题的办法"，我希望我的电影里能带动这种思想。
2. 통역 예: 감독님은 저를 자식처럼 키워 주셨고, 역도를 잘하게 해주셨습니다. 저는 곧 우승을 거머쥘 수 있을 거라고 생각했지만, 8년 동안 제일 좋은 성적이라야 고작 4위에 불과했으니, 이상과 현실은 큰 차이가 있었습니다.

   음성: 我的教练像养育儿子一样养育我，让我在举重中得到一些发展。我以为就可以拿冠军了，在八年当中，我最好的成绩也就是全国第四名，所以，理想和现实是有很大的差距。

중국어 통역, 나도 해볼까!

초판 1쇄 발행 2012년 2월 28일
초판 3쇄 발행 2015년 10월 30일

지은이 문영란
펴낸이 김인철
기획· 권원순 Director, University Press
편집· 신선호 Executive Knowledge Contents Creator
편집진행1 김민정 Contents Creator
편집진행2 최인우 Contents Creator
마케팅 곽용창 Chief Marketing Creator
재무관리 권미경 Chief Managing Creator
펴낸곳 한국외국어대학교 지식출판원
02450 서울특별시 동대문구 이문로 107
전화 02)2173-2493~7
FAX 02)2173-3363
홈페이지 http://press.hufs.ac.kr
전자우편 press@hufs.ac.kr
출판등록 제6-6호(1969. 4. 30)
편집·디자인 디자인 퍼브 02)2254-4308
인쇄·제본 상지사피앤비 031)955-3636

ISBN 978-89-7464-724-7 98720 정가 14,000원

HUiNE은 한국외국어대학교출판부의 어학도서, 사회과학도서, 지역학 도서 Sub Brand이다. 한국외대의 영문명인 HUFS, 현명한 국제전문가 양성(International+Intelligent)의 의미를 담고 있으며, 휴인(携引)의 뜻인 '이끌다, 끌고 나가다'라는 의미처럼 출판계를 이끄는 리더로서, 혁신의 이미지를 담고 있다.

이 책의 음원(mp3)은 한국외국어대학교 지식출판원 홈페이지(press.hufs.ac.kr) - 게시판 - 자료실에서 다운받아 사용하시기 바랍니다.